홍콩보험
100문 100답

HONG KONG

홍콩보험 100문 100답

| 준사부 지음 |

좋은땅

서문

이 책을 집어 든 독자님께.

이 책을 펼친 당신은, 아마도 지금 '노후 준비' 혹은 '자산 관리'라는 단어 앞에서 막막함을 느끼고 계실지도 모릅니다. 아니면 이미 여러 금융 상품을 경험해 본 끝에, 이제는 보다 구체적이고 실질적인 대안을 찾고자 하는 분일 수도 있겠지요. 또는 지인의 추천이나, 우연히 접한 유튜브 영상 하나가 당신을 이곳으로 이끌었을 수도 있습니다.

그 이유가 무엇이든, 독자님이 지금 이 책을 펼치고 있다는 사실만으로도 저는 확신합니다. 이미 '평균을 넘어선' 재무 감각을 지닌 분이라는 것.

해외 저축성 보험, 특히 '홍콩보험'이라는 단어는 아직도 많은 한국인들에게 어딘가 낯설고, 때로는 경계의 대상이 되는 영역입니다. 불과 몇 해 전만 해도, '해외로 돈을 보낸다'는 행위는 막연한 두려움을 동반했고, 자연스레 '사기'라는 단어가 떠오르곤 했습니다. 그러나 세상은 변했습니다. 직접 가입하고, 실제로 배당을 받고, 인출을 통해 혜택을 본 사람들이 하나둘 늘어났습니다. 더 이상 이 시장은 소수의 전유물이 아닙니다. 글로벌 자산 분산 전략의 한 축으로 조용히 자리 잡고 있습니다.

이 책은 바로 그런 흐름 속에서 태어났습니다.

'홍콩보험이 무엇이며, 어떤 구조로 운영되고, 어떤 장점과 위험을 지니는가.'

수많은 질문이 오갔던 현장에서 저는 그 답을 찾기 위해 자료를 모으고, 직접 경험하며, 때로는 현지를 찾아가 확인하는 과정을 반복해 왔습니다. 그 과정에서 한 가지 분명히 깨달은 사실이 있습니다. '정보는 흩어져 있지만, 원리는 단순하다.' 그동안 많은 분들이 묻고 또 묻던 100가지 질문에 답하기 위해, 저는 이 질문들을 한 권에 담기로 했습니다.

저는 한국 최초로 '홍콩보험'을 주제로 해외금융을 소개하는 유튜브, 〈해외금융 읽어주는 남자, 해읽남TV〉를 운영하고 있습니다.

이 책 역시 같은 마음에서 시작되었습니다. 한국인들이 선진 금융을 더 쉽게 이해하고, 더 나은 선택을 할 수 있기를 바라는 마음. 그리고 무엇보다도, 우리의 금융 인식이 조금 더 넓어지기를 바라는 마음.

이 책은 특정 보험 상품을 권유하거나 가입을 유도하려는 목적이 아닙니다. 오히려 그 반대입니다. 이 책을 통해 당신이 스스로 '왜, 어떻게, 언제'라는 질문에 답할 수 있도록 돕고자 했습니다. 책의 각 장은 질문 하나로 시작해, 그에 대한 실질적인 답변과 실제 사례, 그리고 해외금융 시장의 흐름까지 함께 담았습니다. 특히 한국과 홍콩, 미국, 싱가포르를 비교하며, 글로벌 금융 흐름 속에서 개인이 어떤 선택을 해야 하는지에 대한 고민과 통찰을 담으려 노력했습니다.

『홍콩보험 100문 100답』이라는 제목처럼, 이 책은 장황한 이론서도, 단순한 가이드북도 아닙니다. 독자가 던질 법한 현실적인 질문에 솔직하게 답하는, 마치 친한 선배의 조언 같은 책이길 바랍니다.

노후를 준비하는 길은 길고도 조심스러운 여정입니다. 그러나 방향이 올바르다면, 그리고 그 방향에 맞는 작은 선택을 꾸준히 쌓아 간다면, 그 끝은 분명히 달라질 것이라 믿습니다.

  이 책이 당신의 선택 앞에 작은 이정표가 되어 드릴 수 있다면, 그것만으로도 저에겐 큰 의미가 될 것입니다.

2025년 여름

준사부 드림

목차

서문   4

PART 1
왜 지금 '홍콩보험'인가?
- 홍콩보험의 등장 배경과 필요성을 직관적으로 설명하는 파트

제1장	한국에선 왜 홍콩보험이 잘 알려지지 않았을까요?	14
제2장	지금 한국에서 달러 자산을 갖는 건 왜 중요한가요?	17
제3장	'역외보험'이란 정확히 무엇인가요?	19
제4장	왜 홍콩이 역외보험의 중심지가 되었을까요?	21
제5장	한국 금융이 홍콩에 밀리는 다섯 가지 이유는?	23
제6장	자산가들은 왜 홍콩보험을 고집할까요?	26
제7장	홍콩보험에 대한 가장 흔한 오해는?	28
제8장	일반 직장인도 홍콩보험에 가입할 수 있나요?	30
제9장	홍콩보험 가입은 한국에 득일까, 실일까?	32
제10장	홍콩 건강보험, 한국과 뭐가 다를까?	35

PART 2
구조와 핵심 이해
- 홍콩보험의 핵심 메커니즘을 이해하기 위한 기초 구조 설명

제11장	왜 홍콩보험은 유배당보험인가요?	42
제12장	유배당보험과 변액보험은 무엇이 다른가요?	47

제13장	홍콩보험은 피보험자 교체가 어떻게 가능한가요?	50
제14장	보험료는 연간 한 번에 내나요?(연납) 나눠서(월납) 내나요?	52
제15장	보험료는 몇 년 동안 내야 하나요?	54
제16장	건강검진 없이도 가입 가능한가요?	56
제17장	보험금 청구절차, 어렵지 않나요?	58
제18장	보험금은 어떻게 수령하나요?	60
제19장	중도 인출은 자유로운가요?	62
제20장	연금처럼 매월 수령할 수 있나요?	64

PART 3
수익성과 안전성
- 홍콩보험의 실제 수익률과 안정성을 다각도로 분석

제21장	연 7% 복리, 정말 가능한가요?	68
제22장	해지환급금이 원금 초과되는 시점은 언제인가요?	71
제23장	한국과 홍콩의 종신보험, 무엇이 다른가?	73
제24장	보험 사업비는 얼마나 빠져나가나요?	77
제25장	설계서의 약속은 지켜질까?(이행률)	79
제26장	설계서는 매년 재발행되나요?	84
제27장	보험료 할인도 가능한가요?	87
제28장	추가납입은 어떻게 할 수 있나요?	90
제29장	상품 설계 시 주의해야 할 핵심 포인트는?	92
제30장	피해 사례는 어디에서 확인할 수 있나요?	94

PART 4
세금과 규제 현실적으로 보기
- 증여, 상속, 외화자산 설계까지 연결되는 세금 관련 실전 전략

제31장	저축보험 인출 시 한국에서 과세되나요?	100
제32장	해외금융계좌 신고제도란 무엇인가요?	102
제33장	홈택스로 해외금융계좌 신고하는 방법은?	105
제34장	홍콩보험도 증여세/상속세를 내야 하나요?	110
제35장	절세 전략으로 홍콩보험의 장점은?	112
제36장	한국 저축보험처럼 비과세 혜택을 받을 수 있나요?	114
제37장	한국 법규상 홍콩보험에 걸리는 규제는 없나요?	116
제38장	유배당과 관련된 한국 법규도 있나요?	118
제39장	보험료를 해외로 송금해도 문제없을까요?	121
제40장	세무사 또는 전문가 없이도 진행 가능한가요?	123

PART 5
리스크와 우려 해소
- 독자들이 가장 궁금해하는 불안 요소를 정확하게 짚고 해소

제41장	환차손 위험, 얼마나 클까요?	126
제42장	보험사가 파산하면 내 돈은 어떻게 되나요?	128
제43장	중간에 납입을 중단하면 무슨 일이 생기나요?	131
제44장	소개인이 사기꾼일 수도 있나요?	133
제45장	불완전판매는 어떻게 피할 수 있나요?	135
제46장	홍콩보험 소비자 보호는 누가 해 주나요?	137
제47장	국세청 조사 대상이 될 수도 있나요?	140

제48장	외환관리법에 위반될 수 있나요?	142
제49장	보험금 수령 시 해외 계좌 문제는 없나요?	144
제50장	보험 가입할 때 고려해야 할 사항은?	146

PART 6
실전 활용 전략과 사례
- 홍콩보험이 삶 속에서 어떻게 쓰이는지 현실적인 예시로 알아보기

제51장	자녀 교육자금 준비에 적합한가요?	150
제52장	유학자금도 마련할 수 있나요?	153
제53장	노후자금 마련, 홍콩보험으로 가능할까요?	156
제54장	상속자금으로 어떻게 활용하나요?	161
제55장	홍콩보험으로 노후파산을 막을 수 있는 방법이 있을까요?	165
제56장	실제 의사가 가입한 사례가 있나요?	168
제57장	80대 노부부가 직접 방문해 가입한 사례는?	170
제58장	준사부 장인어른이 손자 선물로 준비한 실제 사례는?	172
제59장	홍콩 거리엔 보험 호객꾼이 많다던데 사실인가요?	174
제60장	보험금 인출은 어떻게 하나요?	177

PART 7
실전 Q&A
- 실제 가입자들이 가장 궁금해하는 절차와 관리법

제61장	가입절차와 필요한 서류는?	182
제62장	해외 이민자에게 도움이 되나요?	184
제63장	자녀 명의로 가입하면 유리한가요?	186

제64장	계약서에 반드시 확인할 내용은?	188
제65장	해지할 땐 어떤 절차를 따라야 하나요?	192
제66장	가입 후에도 관리가 필요한가요?	194
제67장	가입자가 내는 수수료는 따로 있나요?	196
제68장	글로벌 보험사는 어디에 투자하나요?	198
제69장	법인 명의로도 가입 가능한가요?	202
제70장	고액 자산가들이 자주 쓰는 전략은?	204

PART 8
고급 전략과 미래 전망
- 고소득층, 은퇴자, 글로벌 투자자가 궁금해할 심화 주제

제71장	퇴직금을 홍콩보험으로 활용할 수 있나요?	208
제72장	한국 국가경쟁력 순위, 왜 중요할까요?	210
제73장	미국 시민권자도 가입할 수 있나요?	213
제74장	어느 회사 상품이 수익률이 좋나요?	215
제75장	2050년 한국의 글로벌 위상은?	218
제76장	홍콩보험 피해는 어디에 신고하나요?	221
제77장	해지 타이밍은 어떻게 판단하나요?	223
제78장	어떤 사람에게 홍콩보험이 가장 잘 맞을까요?	225
제79장	홍콩배우 故 매염방이 170억 원을 남기고 선택한 마지막 금융상품은?	227
제80장	가입 후 후회하는 사람들은 어떤 점을 말하나요?	230
제81장	한국 금융이 홍콩에 밀리는 5가지 이유는?	232
제82장	싱가포르보험과 비교하면?	236
제83장	법률이 바뀌면 기존 계약은 어떻게 되나요?	241
제84장	6% 확정금리, 미국 연금보험은 어때요?	243

제85장	계약자 사망 시, 보험은 어떻게 처리되나요?	246
제86장	최근 국내 언론에 나온 홍콩보험 관련 뉴스는?	248
제87장	30대~40대 직장인이 가입하면 노후에는 얼마나 받을 수 있을까요?	251
제88장	중국 리스크, 홍콩보험엔 영향 없을까요?	255
제89장	홍콩보험 사기 유형, 어떤 게 있나요?	258
제90장	자산 분산 전략으로 홍콩보험은 유효한가요?	261
제91장	블로그나 유튜브 정보는 믿어도 될까요?	263
제92장	계약서 사본을 분실했을 땐?	265
제93장	한국인의 99%는 모르는 홍콩보험 인출의 숨겨진 진실은?	267
제94장	주택연금 vs 홍콩보험, 어떤 걸 선택해야 할까요?	270
제95장	홍콩의 주요 보험사와 상품은?	273
제96장	일본인은 홍콩보험을 어떻게 바라보나요?	276
제97장	중국인은 홍콩보험을 어떻게 바라보나요?	280
제98장	대만인은 홍콩보험을 어떻게 바라보나요?	283
제99장	한국보험사는 왜 홍콩보험 시장에 진출하지 못할까요?	287
제100장	홍콩보험 시장의 미래는 어떻게 될까요?	290

참고자료 292

PART 1

왜 지금 '홍콩보험'인가?

홍콩보험의 등장 배경과 필요성을
직관적으로 설명하는 파트

제1장

한국에선 왜 홍콩보험이 잘 알려지지 않았을까요?

"그렇게 좋다면서, 왜 홍콩보험은 한국에서 잘 알려지지 않았을까?"

홍콩보험에 처음 관심을 갖게 된 사람이라면 누구나 한 번쯤 품게 되는 질문입니다. 수익률이 높다, 달러 자산이다, 상속에도 좋다… 말은 많은데, 막상 한국에서는 들어 본 적이 거의 없는 상품. 그 이유는 단순히 마케팅 부족 때문만은 아닙니다. 한국 사회와 금융 환경 전반에 걸친 몇 가지 구조적인 장벽이 작용하고 있습니다.

첫째는 언어와 정보 접근성입니다. 홍콩보험에 대한 정보는 대부분 영어와 중국어로 제공됩니다. 보험사 홈페이지, 상품 브로서, 약관 등 거의 모든 공식 자료가 외국어로만 쓰여 있고, 국내에는 이를 체계적으로 번역하고 해설해 주는 플랫폼도 드뭅니다. 금융 상품은 작은 조항 하나도 신중히 해석해야 하는데, 외국어라는 장벽은 곧바로 진입 장벽으로 이어질 수밖에 없습니다.

둘째는 한국 내 보험 시장의 포화 상태입니다. 한국은 보험 가입률이 세계 최고 수준에 속합니다. 종신보험, 연금보험, 저축보험 등 다양한 상품들이 이미 국내에 넘쳐나고 있고, 여기에 세제 혜택까지 제공됩니다. 이런 환경 속에서 굳이 외국 보험을 알아보려는 수요가 많지 않았던 것도 사실입니다. 게다가 해외 보험은 세무 신고, 외화 송금 등 추가적인 절차를 수반하기 때문에 더욱 복잡하게 느껴질 수 있습니다.

셋째는 법적·제도적 제한입니다. 한국의 보험업감독규정 제1-6조에 따르면, 외국 보험회사는 한국 내에서 보험 계약을 체결하거나 모집 활동을 할 수 없습니다. 쉽게 말해, 홍콩보험사는 한국에서 광고도 못 하고, 상담도 직접 할 수 없습니다. 시장에 발을 들여놓을 수 없으니, 자연히 대중에게 노출될 기회 자체가 없는 셈입니다.

보험업감독규정
[시행 2025. 6. 11.] [금융위원회고시 제2025-16호, 2025. 6. 11., 일부개정]

□ **제1-6조(보험계약체결방법)** ① 외국보험회사는 우편, 전화, 팩스, 컴퓨터통신을 이용하여 거주자와 보험계약을 체결할 수 있다. <개정 2024. 7. 29.>
② 외국보험회사는 대한민국에 소재하는 보험설계사, 보험대리점 및 보험중개사에게 보험계약체결의 중개 또는 대리를 의뢰하거나 위탁하여서는 아니된다. 다만, 보험중개사를 통하여 재보험계약을 체결하는 경우에는 그러하지 아니하다.
③ 외국보험회사는 그 임원 또는 직원이 대한민국안에서 보험계약의 체결 또는 모집과 관련된 업무를 하도록 하여서는 아니된다.

출처: 국가법령정보센터, 보험업감독규정

마지막으로는 계약 구조의 복잡성과 신뢰 문제입니다. 대부분의 홍콩보험은 복잡한 유니버설 구조나 유배당형으로 설계되어 있으며, 계약서 역시 외국어로 제공됩니다. 고객 입장에서는 이해가 어렵고, 나중에 분쟁이 발생했을 경우 국내에서 법적 대응도 쉽지 않다는 불안감이 있을 수밖에 없습니다.

하지만 그럼에도 불구하고, 지금 이 순간에도 수많은 한국인들이 직접 홍콩을 찾아가 보험에 가입하고 있습니다. 높은 수익률, 글로벌 자산 분산, 상속·증여 유연성 등은 이 모든 장벽을 뛰어넘게 할 만큼 강한 매력을 지니고 있기 때문입니다. 다만, 이러한 장점만큼이나 준비와 검토도 철저해야 합니다. 신뢰할 수 있는 전문가의 조언과 충분한 정보 수집이 전제되어야, 홍콩보험이라는 새로운 도구가 진짜 '내 편'이 될 수 있습니다.

(제2장)

지금 한국에서 달러 자산을 갖는 건 왜 중요한가요?

김성훈 씨(가명, 47세)는 2022년 말, 둘째 아들의 유학 자금을 준비하던 중 환전 타이밍을 놓쳤습니다. "환율이 1,280원이었는데, 며칠 사이 1,390원까지 치솟더라고요. 10만 달러 환전하는 데 1,000만 원 넘게 더 들었죠." 그는 이 일을 계기로 달러 자산의 중요성을 뼈저리게 체감하게 되었습니다.

그렇다면 왜 많은 이들이 자산의 일부를 달러로 가져가려 할까요?

가장 핵심적인 이유는, 달러가 여전히 전 세계의 기축통화로서 확고한 지위를 유지하고 있기 때문입니다. IMF에 따르면 2024년 기준 전 세계 외환보유액의 약 59%가 미국 달러로 구성되어 있으며, 국제 결제, 무역, 원자재 거래의 절대다수가 달러로 이루어지고 있습니다. 원화나 위안화와 비교하면 그 위상은 단연 독보적입니다.

최근에는 디지털 시대에 대응하는 움직임도 본격화되고 있습니다. 미국 의회는 2025년, 이른바 '지니어스(GENIUS) 법안'을 통과시켜 달러 기반 스테이블코인(Stablecoin)에 대한 제도화를 추진했습니다. 이 법에 따라 서클(Circle) 등의 발행사는 USDC 같은 스테이블코인을 미국 국채로 1:1 담보하도록 규정됐고, 이는 디지털 환경에서도 달러의 가치 안정성과 신뢰를 유지하기 위한 전략으로 평가받고 있습니다. 실제로 USDC의 발행 규모는 600억 달러를 넘으며, 전 세계 수많은 투자자들이 디지털 지갑과 탈중앙화 금융(DeFi) 플랫폼을 통해 실시간으로 접근하고 있습니다.

즉, 달러는 단지 종이화폐나 외화예금으로서의 존재를 넘어, 디지털 시대까지 아우르는 통화 패권을 더욱 공고히 다져 가고 있는 셈입니다.

결국 달러 자산은 단순한 환율 헷지 수단이 아닙니다.

- 국제 거래와 결제에서의 우위
- 글로벌 위기 시 자금의 피난처
- 디지털 미래에서도 계속되는 수요 기반

이 세 가지 요소는 달러 자산을 오늘날 포트폴리오 구성의 중심축으로 자리 잡게 만들고 있습니다.

그렇기에 이제는 원화 자산만으로는 부족합니다. 달러 자산을 일정 비율로 보유하는 것은 자산의 안전성과 실질 구매력 방어를 위한 핵심 전략이 되고 있습니다. 그리고 그 수단으로서 안정적이고 장기적인 달러 자산을 축적할 수 있는 구조, 예를 들어 달러 기반의 홍콩 저축형 보험이 지금 많은 사람들의 주목을 받고 있는 것입니다.

> 제3장

'역외보험'이란 정확히 무엇인가요?

　1996년 한국이 OECD에 가입한 이후, 금융·보험 시장의 국제화가 본격적으로 추진되면서 '역외보험(Offshore Insurance)'이 제도적으로 허용되었습니다. 정부는 당시 선진국 수준의 시장경제 체제로 도약하기 위해, 국내에서 제공되지 않거나 국내 규제를 받지 않는 외국 보험상품에 대한 국경 간 거래를 허용했습니다.

　'역외보험'은 말 그대로 한국 밖, 즉 외국에서 가입하는 보험을 의미합니다. 특히 조세와 금융 규제가 비교적 유연한 홍콩, 싱가포르, 케이맨제도 등에서 제공되는 보험 상품들이 대표적입니다.

　한국에서 역외보험이 주목받는 이유는 단순한 해외보험이 아니라, 글로벌 자산 관리의 수단으로 활용되기 때문입니다. 그 중에서도 홍콩의 저축성 생명보험이 대표적인 사례입니다. 이들 상품은 일반적으로 달러로 납입하고 달러로 수령하며, 복리 구조를 통해 장기적으로 자산을 축적하는 형태를 띱니다.

간혹 역외보험이 조세 회피 수단으로 오해받기도 하지만, 오늘날에는 FATCA(미국)와 CRS(국제 조세정보 자동교환체계) 등 글로벌 공조 시스템에 따라 대부분의 계좌 정보가 정부 간에 투명하게 공유되고 있습니다. 다시 말해, 합법적인 절차를 따를 경우 역외보험은 투명하고 전략적인 글로벌 자산 설계 도구로 활용될 수 있습니다.

요약하자면, 역외보험은 한국 외 지역에서 체결되는 외화보험 계약으로, 자산 분산, 환율 리스크 대응, 상속·증여 플랜 수립 등 다양한 목적을 가진 분들에게 유용한 금융 수단입니다. 단, 국내 소비자 보호 장치는 적용되지 않기 때문에 신중한 접근이 필요합니다.

> 제4장

왜 홍콩이 역외보험의 중심지가 되었을까요?

"해외보험 하면 왜 다들 홍콩을 말하는 걸까?"

처음 역외보험에 대해 들은 사람이라면 가장 먼저 떠올릴 질문일지도 모릅니다. 실제로 한국은 물론 중국 본토, 동남아시아의 많은 사람들이 보험 하나 가입하려고 비행기를 타고 홍콩으로 향합니다. 단순한 우연이 아닙니다. 홍콩은 지금도 아시아에서 가장 활발한 역외보험 시장을 갖춘 도시이자, 그 지위를 지키기 위해 끊임없이 진화하고 있는 금융 허브입니다.

먼저, 홍콩은 제도적으로 매우 유연한 보험 환경을 갖추고 있습니다. 홍콩 정부는 외국 보험사의 진입을 적극 장려해 왔고, 그 결과 세계 10대 글로벌 보험사 중 7곳이 이곳에 진출해 있습니다. 보험감독국(IA)은 독립성과 투명성을 바탕으로 시장을 관리하면서도, 불필요한 규제는 줄이는 균형을 유지하고 있습니다. 덕분에 다양한 상품, 다양한 구조, 다양한 통화 기반의 보험이 실험되고 정착될 수 있었습니다.

무엇보다 홍콩 역외보험이 주목받는 이유는, 그 상품의 수익성과 유연성에 있습니다. 국내 보험이 대부분 금리연동형 또는 무배당 구조로 설계되어 있는 반면, 홍콩의 보험은 투자 수익에 기반한 유배당 구조가 일반적입니다. 일부 상품은 연 6% 이상의 수익률을 달성하며, 가입자에게 투자 이익의 상당 부분을 배당 형태로 환원하기도 합니다. 단순한 보험이 아니라, '보험을 활용한 자산 설계'가 가능한 구조인 셈이죠.

또한, '환율 헷지'와 '자산 분산' 측면에서도 홍콩보험은 강점이 있습니다. 대부분의 상품이 달러, 홍콩달러, 위안화 등 외화 기반으로 설계되어 있어, 환율 리스크에 대한 대응이 가능하며, 원화 자산에 집중된 국내 투자자에게는 중요한 대안이 됩니다. 특히 일부 상품은 피보험자 변경이 가능해, 자녀나 손주에게 명의를 바꾸며 장기적으로 자산을 이전할 수 있는 구조를 갖추고 있어 상속·증여 전략에도 활용됩니다.

홍콩이 역외보험의 중심지가 될 수 있었던 또 하나의 이유는 '금융 인프라'입니다. 고도로 발달한 보험·금융 전문 인력과 글로벌 기준의 전산 시스템, 그리고 세계 각지 고객을 상대할 수 있는 다국어 서비스까지—이 모든 것이 결합된 곳이 바로 홍콩입니다. 실제로 Willis Towers Watson, AIA, Prudential 같은 다국적 보험그룹이 아시아 본부를 홍콩에 두고 있으며, 보험금 지급 속도와 계약 유지율, 투자 투명성 면에서도 높은 평판을 유지하고 있습니다.

결국, 홍콩이 선택받는 이유는 단 하나의 장점이 아니라, 수십 년간 축적된 신뢰, 규제의 유연성, 상품 설계의 유리함, 그리고 국제 고객을 끌어들일 수 있는 역량이 겹겹이 쌓여 만들어진 '복합적 우위'에 있습니다. 오늘날 우리가 홍콩을 역외보험의 메카라고 부르는 데는, 그럴 만한 이유가 충분히 있는 것입니다.

> 제5장

한국 금융이 홍콩에 밀리는 다섯 가지 이유는?

홍콩과 한국, 두 도시는 오랫동안 아시아 금융 허브를 두고 경쟁해 왔습니다. 하지만 현실은 여전히 홍콩의 손을 들어 주고 있습니다. 한국과 홍콩의 차이는 줄어들지 않고, 오히려 점점 더 커지고 있습니다. 왜일까요? 그 이유를 하나씩 짚어 보면, 단순한 제도 차이를 넘어 '금융 생태계' 전반의 문제임을 실감하게 됩니다.

첫째, 시장 규모와 자금 유치력입니다. 홍콩은 글로벌 IPO(기업공개) 시장에서 나스닥에 이어 2위를 기록하며 중국, 동남아 기업들의 상장 무대로 자리 잡았습니다. 2024년 CATL, 바이두 등 대형 중국 기업들이 수십억 달러를 조달하면서 홍콩의 자본시장은 깊이와 활력을 동시에 보여 주었습니다. 반면 한국 증시는 여전히 국내 기업 중심의 자금 흐름에 머물러 있어, 글로벌 투자자들에게 매력적인 '진입로'로 작용하지 못하고 있습니다.

둘째, 중국 본토 자본의 강력한 유입입니다. 2025년 상반기, 본토 자본 약 900억 달러가 홍콩 주식시장으로 들어왔고, 이는 지수 급등과 시장 유동성을 함께 견인했습니다. 중국 당국이 홍콩을 전략적으로 '해외 투자 관문'으로 설정한 덕분입니다. 반면 한국은 지정학적·외교적 이유로 중국 자본 유입에서 밀려 있고, 외국인 투자 유치 측면에서도 상대적으로 제한적인 편입니다.

셋째, 세제와 규제의 유연성입니다. 홍콩은 암호화폐, 패밀리오피스, 헷지펀드 등에 대해 세제 혜택과 규제 완화를 지속적으로 확대하고 있습니다. 최근에는 미화 자산 기준 최소 3,000만 달러 이상의 자산가를 위한 세금 감면 패키지까지 발표했죠. 반면 한국은 금융기관 설립부터 운용까지 촘촘한 규제망이 존재하고, 외환거래나 해외 보험 활용 등에서도 많은 제약을 안고 있습니다.

넷째, 글로벌 금융도시로서의 인프라와 신뢰도입니다. 글로벌 금융센터 지수(GFCI) 2025년 3월 기준에서 홍콩은 뉴욕, 런던에 이어 3위를 기록했습니다. 서울은 10위에 머물렀습니다. 이 순위는 단순한 숫자가 아니라, 금융 전문인력, 제도 신뢰, 정보 인프라 등 복합 요소를 반영한 결과입니다. 국제금융인들이 어디에 사무소를 내고 싶은지를 보여 주는 실질적 지표이기도 합니다.

다섯째, 지정학적 위치와 전략적 입지입니다. 홍콩은 '중국 본토와 세계 금융을 잇는 창구'라는 독보적인 입지를 활용하고 있습니다. 본토 투자자들은 홍콩을 통해 글로벌 금융에 접근하고, 해외 투자자들은 홍콩을 통해 중국 내수시장에 우회 진입합니다. 반면 한국은 이처럼 양방향 플랫폼 역할을 하기엔 구조적 한계를 안고 있습니다.

이처럼 홍콩과의 격차는 단순히 법이나 제도의 문제가 아닙니다. 자본 흐름, 정책 의지, 글로벌 감각, 그리고 시장의 신뢰도가 모두 작용한 결과입니다. 물론, 한국 금융도 나름의 강점을 갖고 있지만, 글로벌 무대에서 통용되는 자산 관리 수단을 모색하는 이들에게는 여전히 홍콩이 한발 앞서 있는 것이 현실입니다.

> 제6장

자산가들은 왜 홍콩보험을 고집할까요?

요즘 서울 강남의 자산가들과 전문직 종사자들 사이에서 하나의 흐름이 포착됩니다. 바로 "홍콩보험에 가입해야겠다"는 목소리입니다. 이유는 단순합니다. 연 6~7%대의 안정적 수익률, 그리고 자산가들의 요구를 충족하는 고급 설계 때문입니다. Chosun Biz에 따르면, 40세 남성이 연 1만 8,000달러를 5년간 납입할 경우 70세에 수령할 적립금이 39만 7,120달러로 불어나, 국내 상품보다 2배 이상 수익이 높다고 합니다.

이처럼 높은 수익률은 유배당형 구조 덕분입니다. 홍콩보험사들은 보험료를 주식, 채권, 부동산 등에 투자하고, 투자수익의 약 90%를 가입자에게 돌려줍니다. 이는 국내 무배당 상품과 대비되며, 시간이 지날수록 복리 효과가 커지는 구조입니다.

또 다른 결정적 이유는 상속·증여 설계 기능입니다. SCMP의 보도에 따르면, 고액 자산가의 약 60%가 '자산 이전(legacy planning)'을 위해 보험을 활용하며, 이는 가족 간 분쟁을 예방하고 상속 구조를 명확히 하는 수단으로도 각광받고 있죠.

　이 외에도 자산가들은 달러 기반의 보험 계약을 통해 환율 리스크를 피하고, 자산을 다양한 법적·세제적 틀 안에서 관리할 수 있다는 장점에 주목합니다. 국내 금융상품으로는 구현하기 어려운 글로벌 자산 설계의 완성도를 제공하기 때문입니다.

　결국, 이들은 단순히 '보험이기 때문에'가 아니라, 높은 수익률, 상속·절세 기능, 달러 자산 축적 구조라는 3박자를 모두 갖춘 보험 상품을 원했고, 그 중심에 홍콩보험이 있었던 것입니다.

제7장

홍콩보험에 대한 가장 흔한 오해는?

"홍콩보험은 불법이다."

홍콩보험에 대해 사람들이 가장 자주 하는 말입니다. 하지만 이는 홍콩보험에 대한 오해에서 비롯된 표현입니다. 결론부터 말하자면, 홍콩보험 자체는 합법적인 해외금융 상품입니다. 한국인이 직접 홍콩을 방문하거나, 온라인이나 우편을 통해 비대면으로 가입하는 것은 법적으로 문제되지 않습니다.

문제가 되는 건 따로 있습니다. 한국 내에서 무허가로 상품을 홍보하거나 모집하는 행위는 보험업법 위반에 해당될 수 있어, 금융당국이 소비자 경보를 낸 사례들이 존재합니다.

두 번째 오해는, "수익률이 너무 높은데 사기 아니야?"라는 의심입니다. 실제로 홍콩보험은 환급률이 높고 유배당 구조로 설계되어 있어, 장기적으로 복리 효과가 누적됩니다. 하지만 일부 브로커가 이를 과장하거나 환차익만 강조하면서, 무조건 '몇 배 수익'을 내세우는 방식이 소비자 불신을 키우고 있습니다. 상품 자체보다도 정보 전달의 방식이 문제인 경우가 많습니다.

또 하나 자주 제기되는 우려는, "가입해도 나라가 보호해 주지 않는다"는 점입니다. 이 부분은 사실입니다. 홍콩보험은 한국의 예금자보호나 금융 분쟁조정 제도 대상이 아니기 때문에, 가입 전 보험사의 안정성, 운용 구조, 사후 대응력 등을 반드시 확인해야 합니다.

결국 홍콩보험의 진짜 리스크는 상품 자체보다도, 잘못된 정보와 불완전한 가입 방식에 있습니다. 정확한 이해와 준비만 갖춘다면, 오해는 기회로 바뀔 수 있습니다.

제8장

일반 직장인도 홍콩보험에 가입할 수 있나요?

홍콩보험이라고 하면 흔히 "부자들만 드는 거 아니야?"라는 인식이 먼저 떠오릅니다. 하지만 실제로는 평범한 직장인들도 충분히 가입할 수 있는 금융 수단입니다.

보험료는 설계에 따라 월 수십만 원대부터 시작할 수 있으며, 10년 안팎의 납입 기간으로 장기 재무 목표를 설계하는 데 적합한 상품도 다양하게 존재합니다. 단순한 사망 보장만이 아니라, 중대질병 보장, 저축·연금 기능, 상속 설계 등 다양한 목적에 맞춰 유연하게 활용할 수 있는 점이 큰 장점입니다.

가입 방법 역시 어렵지 않습니다. 과거처럼 직접 홍콩을 방문하지 않아도, 우편, 이메일, 전화 등을 통한 비대면 계약이 가능해졌습니다. 실제로 많은 직장인들이 해외여행이나 출장 중 전문가의 도움을 받아 현지에서 계약을 체결하는 경우가 많습니다.

물론 몇 가지 유의할 점도 있습니다.

첫째, 계약은 달러로 진행되기 때문에 환율 변동과 환전 수수료에 민감합니다.

둘째, 한국의 예금자 보호나 금융분쟁 조정 제도는 적용되지 않기 때문에, 가입 전에 반드시 보험사의 신뢰도와 재무 건전성, 계약 조건을 꼼꼼히 확인해야 합니다.

결국 중요한 것은 자산 규모가 아니라, 목적에 맞는 설계와 올바른 정보입니다.

홍콩보험은 부자들만의 전유물이 아니라, 장기적인 재무 목표를 가진 사람이라면 누구에게나 열려 있는 글로벌 자산 관리의 한 형태입니다. 단지, 그 접근법에 있어 더 많은 이해와 준비가 필요할 뿐입니다.

> 제9장

홍콩보험 가입은 한국에 득일까, 실일까?

1960년대, 한국은 "소변 한 방울도 수출하자"는 각오로 외화를 벌어들였습니다. 실제로 사람의 소변에서 추출한 유로키나제가 외국으로 팔려 나갔고, 국민들은 국산 제품을 아껴 쓰며 수출을 '살길'로 여겼습니다. 그 시절의 구호는 명확했습니다. "외화벌이만이 국가를 살린다."

그로부터 수십 년이 지난 지금, 한국은 세계적인 반도체와 자동차 수출국이 되었고, 김밥과 떡볶이마저도 글로벌 소비자의 장바구니에 오르내리는 나라가 되었습니다. 그러니 외화를 벌어들이는 방식이 예전과 같을 필요는 없습니다. 이제는 공장을 세우거나 물건을 수출하지 않아도, 해외금융을 통해서도 외화를 유입할 수 있는 시대입니다.

많은 사람들이 "홍콩보험에 가입하면 외화가 빠져나가 손해가 아니냐"고 묻습니다. 그러나 이는 단편적인 시각입니다. 기업이 해외에 공장을 세우기 위해 달러를 쓰는 것도 처음에는 '외화 유출'로 보이지만, 장기적으로 해외 수익을 국내 본사로 가져오며 더 큰 경제적 효과를 만들어 냅니다. 마찬가지로, 개인이 홍콩보험에 가입하며 보낸 돈이 나중에 배당금, 환급금, 생활자금 등의 형태로 다시 국내에 유입된다면, 그것은 단순한 소비가 아니라 금융 기반의 외화 유입 구조로 볼 수 있습니다.

예를 들어, 만약 500만 명의 국민이 매년 650만 원씩 5년간 달러 기반 보험에 가입한다고 가정해 봅시다. 총 납입 금액은 약 32조 5,000억 원에 달합니다. 이후 15년의 거치 기간을 거쳐 수령하는 배당금이 매년 37조 원 규모에 이른다면, 이는 삼성전자의 연간 해외 영업이익 수준과 맞먹는 외화 유입 효과를 낼 수 있습니다.

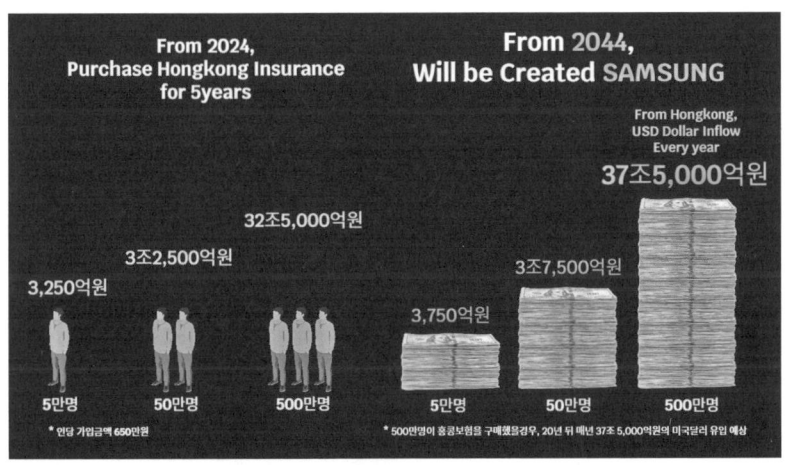

500만 명의 국민이 달러 기반 보험에 가입한다고 가정

이 자금이 국내에서 소비되고 재투자된다면, 경제 전반에 걸쳐 긍정적인 파급 효과가 생기는 것은 당연합니다.

물론 모든 해외금융 상품이 무조건적인 득이 되는 것은 아닙니다. 가입자의 신중한 선택과 금융문해력, 그리고 국가 차원의 제도적 뒷받침이 전제되어야 합니다.

- 상품 구조가 얼마나 안정적인지,
- 환율 변동성과 세금 문제는 어떻게 관리되는지,
- 지급되는 자금이 실제로 국내에 소비로 연결되는지 등
- 세부 조건에 따라 외화벌이로 이어지는 효과는 크게 달라질 수 있습니다.

그러나 분명한 것은, 잘 설계된 해외금융상품은 단순한 개인의 자산관리 수단을 넘어 국가경제에도 기여할 수 있는 하나의 전략이 될 수 있다는 점입니다.

과거엔 바다를 향해 배를 띄워 외화를 벌었다면, 이제는 글로벌 금융이라는 바다에서 더 멀리, 더 정교하게 그물을 던질 때입니다. 그 시작점 중 하나가 바로, 많은 이들이 조용히 선택하고 있는 '홍콩보험'일지도 모릅니다.

제10장

홍콩 건강보험, 한국과 뭐가 다를까?

건강보험은 누구에게나 중요한 금융 도구입니다. 하지만 보험을 선택할 때, 단순히 '어디가 더 싸다'는 기준만으로 접근하기에는 아쉬움이 큽니다. 특히 한국과 홍콩의 건강보험을 비교해 보면, 단순한 가격 이상의 차이를 발견할 수 있습니다.

먼저 보험료와 보장범위부터 살펴보겠습니다. 한국의 대표 보험사 K사의 상품은 연간 약 3,681달러, 총 20년 동안 73,620달러 이상의 보험료를 납입하게 됩니다. 반면 홍콩 A사의 상품은 연간 1,975달러 수준으로, 총 납입액이 약 4만 달러에 불과합니다. 납입액 자체만 보면 절반 가까이 차이가 납니다. 그런데 이보다 더 눈에 띄는 부분은 보장 범위입니다.

주계약		보험기간	납입기간	가입나이	성별	주계약가입금액(원)	합계보험료(원)	납입주기
무배당 보장		종신	20 년	38 세	남	90,000,000원	368,100원	월납

[단위:원]

경과 년수	도달 나이	라이프케어 보험금	일반사망 보험금	재해사망 보험금	납입보험료 누계			해지환급금			환급률
					합계	주계약	특약	합계	주계약	특약	
1 년	39 세	36,000,000	90,000,000	90,000,000	4,417,200	3,978,000	439,200	0	0	0	0.0 %
2 년	40 세	72,000,000	90,000,000	90,000,000	8,834,400	7,956,000	878,400	2,936,600	2,692,800	243,800	33.2 %
3 년	41 세	72,000,000	90,000,000	90,000,000	13,251,600	11,934,000	1,317,600	6,409,500	5,843,700	565,800	48.4 %
4 년	42 세	72,000,000	90,000,000	90,000,000	17,668,800	15,912,000	1,756,800	9,932,500	9,040,500	892,000	56.2 %
5 년	43 세	72,000,000	90,000,000	90,000,000	22,086,000	19,890,000	2,196,000	13,506,500	12,284,100	1,222,400	61.2 %
6 년	44 세	72,000,000	90,000,000	90,000,000	26,503,200	23,868,000	2,635,200	17,131,800	15,575,400	1,556,400	64.6 %
7 년	45 세	72,000,000	90,000,000	90,000,000	30,920,400	27,846,000	3,074,400	20,811,000	18,916,200	1,894,800	67.3 %
8 년	46 세	72,000,000	90,000,000	90,000,000	35,337,600	31,824,000	3,513,600	23,982,800	21,801,600	2,181,200	67.9 %
9 년	47 세	72,000,000	90,000,000	90,000,000	39,754,800	35,802,000	3,952,800	27,212,400	24,741,000	2,471,400	68.5 %
10 년	48 세	72,000,000	90,000,000	90,000,000	44,172,000	39,780,000	4,392,000	30,500,700	27,735,300	2,765,400	69.0 %
11 년	49 세	72,000,000	90,000,000	90,000,000	48,589,200	43,758,000	4,831,200	33,852,200	30,789,000	3,063,200	69.7 %
12 년	50 세	72,000,000	90,000,000	90,000,000	53,006,400	47,736,000	5,270,400	37,266,700	33,902,100	3,364,600	70.3 %
13 년	51 세	72,000,000	90,000,000	90,000,000	57,423,600	51,714,000	5,709,600	40,748,300	37,079,100	3,669,200	71.0 %
14 년	52 세	72,000,000	90,000,000	90,000,000	61,840,800	55,692,000	6,148,800	44,296,800	40,320,000	3,976,800	71.6 %
15 년	53 세	72,000,000	90,000,000	90,000,000	66,258,000	59,670,000	6,588,000	47,917,400	43,630,200	4,287,200	72.3 %
16 년	54 세	72,000,000	90,000,000	90,000,000	70,675,200	63,648,000	7,027,200	51,616,000	47,016,000	4,600,000	73.0 %
17 년	55 세	72,000,000	90,000,000	90,000,000	75,092,400	67,626,000	7,466,400	55,401,100	50,485,500	4,915,600	73.8 %
18 년	56 세	72,000,000	90,000,000	90,000,000	79,509,600	71,604,000	7,905,600	59,280,000	54,046,800	5,233,200	74.6 %
19 년	57 세	72,000,000	90,000,000	90,000,000	83,926,800	75,582,000	8,344,800	63,265,400	57,711,800	5,553,800	75.4 %
20 년	58 세	72,000,000	90,000,000	90,000,000	88,344,000	79,560,000	8,784,000	67,367,700	61,490,700	5,877,000	76.3 %
21 년	59 세	72,000,000	90,000,000	90,000,000	88,344,000	79,560,000	8,784,000	68,263,800	62,353,800	5,910,000	77.3 %
22 년	60 세	72,000,000	90,000,000	90,000,000	88,344,000	79,560,000	8,784,000	69,143,700	63,211,500	5,932,200	78.3 %
23 년	61 세	72,000,000	90,000,000	90,000,000	88,344,000	79,560,000	8,784,000	70,008,000	64,065,600	5,942,400	79.2 %
24 년	62 세	72,000,000	90,000,000	90,000,000	88,344,000	79,560,000	8,784,000	70,855,500	64,916,100	5,939,400	80.2 %
25 년	63 세	72,000,000	90,000,000	90,000,000	88,344,000	79,560,000	8,784,000	71,685,600	65,763,000	5,922,600	81.1 %
26 년	64 세	72,000,000	90,000,000	90,000,000	88,344,000	79,560,000	8,784,000	72,497,600	66,607,200	5,890,400	82.1 %
27 년	65 세	72,000,000	90,000,000	90,000,000	88,344,000	79,560,000	8,784,000	73,289,900	67,448,700	5,841,200	83.0 %
28 년	66 세	72,000,000	90,000,000	90,000,000	88,344,000	79,560,000	8,784,000	74,059,400	68,286,600	5,772,800	83.8 %
29 년	67 세	72,000,000	90,000,000	90,000,000	88,344,000	79,560,000	8,784,000	74,805,200	69,121,800	5,683,400	84.7 %
30 년	68 세	72,000,000	90,000,000	90,000,000	88,344,000	79,560,000	8,784,000	75,522,600	69,951,600	5,571,000	85.5 %
31 년	69 세	72,000,000	90,000,000	90,000,000	88,344,000	79,560,000	8,784,000	76,205,900	70,773,300	5,432,600	86.3 %
32 년	70 세	72,000,000	90,000,000	90,000,000	88,344,000	79,560,000	8,784,000	76,849,700	71,585,100	5,264,600	87.0 %

출처: 2018년 준사부가 가입한 국내 K사 건강보험 설계표

단위: USD

질병보험(진단금) 6만불 * 20년납	연간 보험료	총 납입보험료
한국 K사	3,681	73,620
홍콩 A사	1,975	39,504

1USD = 1,200WON(2019년 가입 당시 환율)

한국 상품이 암, 심근경색, 뇌출혈 등 12가지 주요 질병에 한정된 반면, 홍콩 건강보험은 128개 질병 보장, 희귀병 및 면역 질환 보장, 질병 진행 단계별 차등 지급 등 한국에서는 보장되지 않는 부분을 보완할 수 있는 강점이 많아, 보다 폭넓은 의료 리스크에 대비할 수 있습니다.

출처: 2019년 준사부가 가입한 A사 건강보험 보장 질병 목록

진단금 지급 방식에서도 큰 차이가 있습니다. 한국보험은 특정 질병이 진단되면 정해진 금액을 한 번 지급하고, 그 즉시 보험이 종료됩니다. 예를 들어 위암 진단 시 6만 달러를 수령하고 나면, 이후 다른 질병에 대해서는 더 이상 보장이 이루어지지 않는 구조입니다.

하지만 홍콩보험은 다릅니다. 동일한 가입 조건 아래, 위암 진단으로 6만 달러를 받고 나서도, 2년 뒤 간암이 발병하면 또다시 같은 금액을 받을 수 있고, 그 후 심근경색 진단 시에도 추가로 지급이 가능합니다. 최대 340%까지 진단금을 누적 지급받을 수 있는 구조이며, 일부 상품의 경우

진단금이 무제한으로 반복 지급되는 경우도 있습니다.

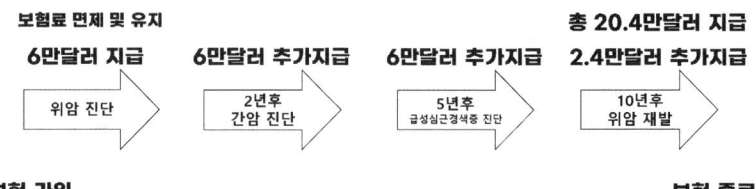

출처: 2019년 준사부가 가입한 A사 건강보험 지급 방식

그렇다면 해지환급금은 어떨까요? 20년 차 기준으로 보면, 한국 상품의 환급률은 약 76%로 다소 높지만, 총 납입액 자체가 크기 때문에 절대적인 금액 부담은 더 큽니다. 반면 홍콩 건강보험은 20년 차까지의 환급률은 낮지만, 30년 이후로 넘어가면서 배당 수익률이 본격적으로 작동하여, 224%까지 환급률이 오르는 상품도 존재합니다. 물론 이러한 수치는 보험사의 운용 성과에 따라 달라질 수 있다는 점을 염두에 둬야 합니다.

단위: USD

질병보험 (진단금 6만불 * 20년납)	연간 보험료	총 납입 보험료	20년차 해지환급금	20년차 진단금	30년차 해지환급금	30년차 진단금
한국 K사	3,681	73,620	56,139 (76%)	60,000 (100%)	62,936 (86%)	60,000 (100%)
홍콩 A사	1,975	39,504	19,472 (65%)	76,740 (130%)	88,320 (224%)	108,360 (274%)

1USD = 1,200WON(2019년 가입 당시 환율)

결론적으로 말하자면, 한국 건강보험은 안정성과 단순한 구조를 중시하는 사람에게, 홍콩 건강보험은 다양한 보장과 장기적인 수익성, 재발·만성 질병에 대비하려는 사람에게 더 적합한 선택이 될 수 있습니다.

보험은 나의 미래 건강과 자산을 함께 설계하는 도구입니다. 단지 익숙한 상품이라는 이유로 선택하는 것이 아니라, 어떤 질병에 얼마나 대비할 수 있고, 어떤 방식으로 나의 삶에 기여할 수 있는가를 기준으로 신중하게 따져 보는 자세가 필요합니다. 그리고 때로는 시야를 넓혀, 국경 너머의 가능성도 함께 고려해 보는 것이 현명한 소비자의 길이라 판단됩니다.

출처: 2019년 준사부가 가입한 A사 건강보험 가입증서 및 설계표

PART 2

구조와 핵심 이해

홍콩보험의 핵심 메커니즘을
이해하기 위한 기초 구조 설명

(제11장)

왜 홍콩보험은 유배당보험인가요?

보험을 알아본 분이라면 한 번쯤 '유배당'이라는 단어를 들어 보셨을 겁니다. 특히 홍콩보험에 관심을 가지게 되면 이 용어는 거의 빠지지 않고 등장하죠. 그렇다면 왜 홍콩보험은 대부분 유배당 구조를 고수할까요?

먼저, 개념부터 짚고 넘어가야겠습니다. 보험은 크게 두 가지로 나뉩니다. 보험사가 발생한 이익을 계약자와 나누지 않는 무배당보험, 그리고 일정 비율로 수익을 나누는 유배당보험. 무배당보험은 구조가 단순하고 보험료가 저렴한 대신, 보험사의 운용 성과가 아무리 좋아도 계약자에게 이익이 돌아가지 않습니다. 반면 유배당보험은 보험사가 자산을 운용해 수익을 내면, 그 일부를 계약자에게 배당금으로 돌려줍니다. 마치 주식 배당처럼, 시간이 흐를수록 자산이 불어나는 구조입니다.

무배당보험 vs 유배당보험 비교표

항목	무배당보험	유배당보험
보험료	약 5~7% 높음	낮음
보장 구조	보장 위주, 투자차익 없음	보장 + 투자차익 공유
수익 기대치	공시이율 기반	배당금으로 투자성과 공유
리스크 분배	위험은 보험사 부담	일부 위험은 가입자도 부담
가입자 선택권	대체로 없거나 제한적	중요한 선택 요소

홍콩보험의 큰 매력은 바로 여기에 있습니다. 단순히 '보장'에만 그치지 않고, '자산 형성'까지 가능하다는 점이죠. 보험은 소비가 아니라 투자, 아니 장기적 복리 자산이라는 인식이 깔려 있습니다. 매년 지급되는 배당금은 재투자되어 복리 효과를 누릴 수 있으며, 거치 기간을 거쳐 수령하게 되면 원금 대비 두세 배 이상의 결과로 돌아옵니다.

예컨대, 홍콩 A사에 가입한 저축성 보험은 5년 납입 후 15년 거치 구조로 설계되어, 총 수령액이 납입액의 2.5배에서 3배 이상까지 늘어납니다. 배당은 매년 누적되며, 필요시 인출하거나 연금으로 전환할 수도 있죠.

놀랍게도, 한국도 한때 이런 유배당보험의 황금기를 누렸습니다. 1960년대부터 1990년대까지 국내 생명보험사의 주력 상품은 모두 유배당 구조였습니다. 당시의 법은 보험사의 이익 중 90%를 계약자에게, 10%만을 회사가 가지도록 규정했고(보험업법 시행규칙 제30조의2), 우리는 이를 '9대1의 법칙'이라 불렀습니다. 이 구조 덕분에 실제로 90년대에 유배당보험에 가입한 많은 이들이 납입금 대비 10배, 20배가 넘는 수익을 경험했습니다.

Basic Plan – Illustration Summary
Policy Currency : USD

End of Policy Year	Total Premiums Paid	SURRENDER VALUE			Total
		Guaranteed Cash Value (1)	Non-Guaranteed Cash Value of Reversionary Bonus (2)	Cash Value of Terminal Bonus (3)	(1)+(2)+(3)
1	20,000	0	0	0	0
2	40,000	0	0	0	0
3	60,000	14,208	756	11,570	26,534
4	80,000	23,820	1,958	15,165	40,943
5	100,000	35,520	3,617	18,894	58,032
10	100,000	74,105	16,633	34,769	125,508
15	100,000	88,174	29,044	56,716	173,934
20	100,000	100,432	43,187	110,274	253,894
25	100,000	103,358	59,118	190,477	352,953
30	100,000	104,890	74,978	319,568	499,436
@Age 65	100,000	120,352	211,232	4,143,066	4,474,650
@Age 70	100,000	123,416	239,253	6,129,958	6,492,627
@Age 75	100,000	126,481	269,514	8,951,385	9,347,380
@Age 80	100,000	129,685	302,194	13,173,885	13,605,764
@Age 85	100,000	133,028	337,486	19,388,245	19,858,759
@Age 90	100,000	136,371	375,600	28,186,437	28,698,408
@Age 95	100,000	139,853	416,761	40,232,170	40,788,784
@Age 100	100,000	143,336	461,212	57,425,739	58,030,287

출처: 2019년 준사부가 가입한 A사 저축보험 설계서

출처: 국가법령정보센터, 보험업법 시행규칙

    예를 들어, H사에 1993년 가입한 고객은 1,000만 원 납입 후 14배의 연금을 수령했고, K사 가입자는 11배, 단기납입 후 장기 거치한 S사 고객은 무려 54배의 수령액을 기록했습니다. 지금은 상상하기 힘든 수익률이죠.

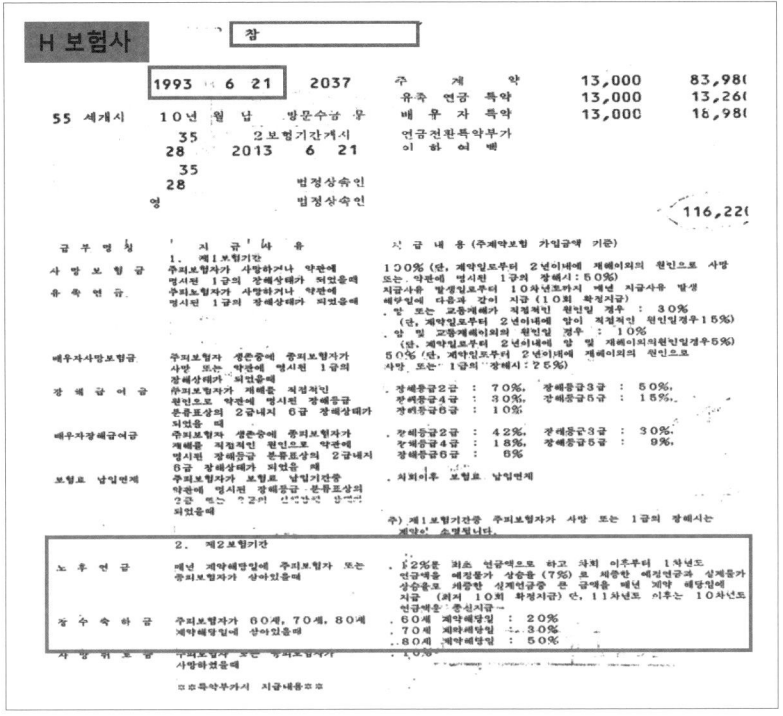

출처: 국내 H보험사, 유배당 7% 연금보험 증권

그러나 2000년대 들어, 보험사들의 회계 기준 변화와 예측 가능성 확보 등을 이유로 대부분의 유배당 상품은 단종되었고, 현재 국내 시장에서 유배당보험의 비중은 5% 미만으로 줄어들었습니다.

반면 미국과 홍콩은 다릅니다. 뉴욕라이프(168년 연속), 매스뮤추얼(150년), 가디언(161년), 노스웨스턴(165년) 등은 수세기 동안 한 해도 빠짐없이 계약자에게 배당을 지급해 왔습니다. 특히 가디언은 지난 30년간 연 평균 7.5%의 배당률을 유지해 오고 있습니다.

출처: 미주중앙일보, "뉴욕라이프, 역대 최대 배당금 발표"

홍콩 역시 이 구조를 그대로 따르고 있습니다. 2024년 현재, 주요 홍콩 보험사의 평균 배당률은 6~7% 수준. 이 수익은 단순히 이자처럼 쓰이는 것이 아니라, 복리로 누적되어 장기적으로 자산의 눈덩이 효과를 일으킵니다. 게다가 이 배당금은 상속이나 증여 설계에도 활용될 수 있어, 단순한 '보험'을 넘어 재산 계획의 중요한 축이 되고 있습니다.

물론 유배당보험이 무조건 더 좋은 건 아닙니다. 배당은 확정 수익이 아닌 '비보장 수익'이기 때문에, 시장 상황에 따라 줄거나 지급되지 않을 수도 있습니다. 그래서 단기 자금이 필요한 사람보다는 장기적 안목을 갖고 계획할 수 있는 사람에게 더 적합합니다.

결국 질문은 이겁니다. 보험을 소비로 볼 것인가, 자산으로 볼 것인가?

홍콩보험이 유배당 구조를 고수하는 이유는 명확합니다. 보험을 '소비'가 아니라 '설계된 자산'으로 보기 때문입니다. 매년 복리로 쌓이는 배당은, 시간이 지나면서 눈덩이처럼 커집니다. 그리고 그 복리는 자산 증식의 핵심이자, 시간의 힘을 활용한 가장 합리적인 전략입니다.

이제 보험이라는 말에 '배당'이라는 단어가 덧붙여질 때, 그것이 단순한 마케팅 용어가 아닌, 오랜 역사와 숫자가 증명하는 전략임을 기억해 두시길 바랍니다.

제12장

유배당보험과 변액보험은 무엇이 다른가요?

보험을 '보장'이 아닌 '자산'으로 접근하려는 분들이라면, 반드시 부딪히게 되는 갈림길이 있습니다. 바로 '유배당보험과 변액보험 중 어느 쪽을 선택할 것인가'입니다. 두 상품 모두 투자 기능을 가지고 있고, 장기적으로 자산을 형성해 나갈 수 있다는 공통점이 있지만, 구조와 리스크, 수익의 형태는 완전히 다릅니다.

먼저, 유배당보험은 말 그대로 보험사의 이익 일부를 계약자에게 배당하는 구조입니다. 즉, 보험사가 고객으로부터 받은 보험료를 국공채, 주식, 부동산 등에 투자해 수익을 내면, 그중 약 90%가 '배당금'이라는 이름으로 고객에게 되돌아옵니다. 이 배당금은 매년 지급되기도 하고, 상품에 따라 계약 해지 시 해지환급금에 누적되어 지급되기도 합니다. 이러한 구조는 마치 주식의 '배당주'를 떠올리게 하죠.

주요 차이점 한눈에 보기

항목	유배당보험(Participating)	변액보험(Variable)
투자 운용 방식	회사가 일괄 운용/수익 배당	계약자가 직접 투자 계좌 선택
수익 확정성	예상 배당률 존재하나, 수익률 변동 있음	투자성과에 따라 현금 가치와 보험금 변동
위험 수준	중간 위험 (성과 의존하지만 회사 책임 분담)	고위험 · 고수익
투자 자유도	제한적(회사 운용에 맡김)	다양하고 직접적인 선택 가능
수수료와 비용	상대적으로 낮은 편	관리비 · 계좌 수수료 등 비용 큼
적합한 사람	안정+복리 수익형 선호자	적극적인 투자 성향의 능동 투자자

실제로 미국의 뉴욕라이프는 168년 연속 배당, 매스뮤추얼은 150년, 노스웨스턴은 165년, 가디언은 161년간 단 한 해도 빠짐없이 배당을 지급해 왔습니다. 평균 배당률은 5~6%, 가디언의 경우 최근 30년 평균 7.5%에 달합니다. 홍콩의 유수 보험사들도 이 '연속 배당'의 전통을 이어 가고 있으며, 저축형 상품의 대부분이 유배당 구조로 설계되어 있습니다.

반면, 변액보험은 보험료를 납입하되, 그중 일부 혹은 전부가 고객이 선택한 펀드에 투자됩니다. 투자 대상은 주식형, 채권형, 혼합형 등 다양하고, 그 성과에 따라 보험금과 해지환급금이 수시로 변동됩니다. 수익률이 좋으면 환급금이 크게 불어나지만, 반대로 시장이 하락하면 원금 손실이 발생할 수도 있는 고위험 상품입니다. 한마디로 변액보험은 보험에 투자신탁 개념을 접목한 상품이라 할 수 있습니다.

유배당보험은 '보험사가 자산을 운용하고, 그 운용 성과를 고객과 배당의 형태로 공유하는' 구조입니다. 반면, 변액보험은 '가입자가 직접 운용 대상을 선택하며, 이에 따른 수익과 손실을 모두 스스로 감수하는' 방식입니다. 보험료 측면에서도 차이가 뚜렷합니다. 일반적으로 유배당보험은 무배당보험보다 약 5~7% 저렴한 경우가 많습니다. 그러나 한국에서는 유배당보험이 오히려 더 비싸다고 잘못 알려져 있는 경우가 많습니다. 이는 실제로 준사부가 가입한 홍콩의 건강보험 사례만 봐도 명확히 확인할 수 있습니다. 게다가 유배당보험에서 발생하는 배당금은 복리로 누적되므로, 장기적인 자산 증식 수단으로서 매우 효율적인 구조를 갖추고 있습니다.

중요한 점은, 두 상품의 수익이 확정되지 않았다는 점에서는 같지만, '누가 리스크를 지느냐'가 결정적으로 다르다는 것입니다. 유배당보험의 경우 보험사가 수익을 내야 배당이 이루어지며, 고객은 투자 손실에 노출되지 않습니다. 반면, 변액보험은 투자 손실도 전적으로 계약자의 몫이 됩니다. 따라서 두 상품은 투자 성향에 따라 매우 다른 의미를 갖게 됩니다.

정리하자면 이렇습니다.

유배당보험은 안정성과 복리 수익을 중요하게 생각하는 분들에게, 변액보험은 보다 높은 수익률을 추구하며 리스크도 감수할 수 있는 분들에게 적합합니다.

자산이 일정 규모에 도달한 후엔 분산 투자 원칙에 따라, 두 상품을 조합하는 전략도 유효할 수 있습니다. 하지만 그 시작점에서는 꼭 자신에게 맞는 구조를 택해야 합니다. 보험은 길게 가는 여정이기 때문입니다.

'내가 감당할 수 있는 위험은 어디까지인가?'

이 질문이, 여러분의 올바른 선택을 도와줄 나침반이 될 것입니다.

제13장

홍콩보험은 피보험자 교체가 어떻게 가능한가요?

홍콩보험의 독특한 기능 중 하나는 바로 피보험자(insured person)의 변경이 가능하다는 점입니다. 그것도 단 한 번이 아니라, 이론상 무제한으로 교체할 수 있습니다. 즉, 한 번 가입한 보험 계약이 세대와 세대를 거쳐 이어질 수 있다는 뜻입니다.

이러한 구조는 단순한 기술적 옵션을 넘어, 홍콩이라는 제도의 산물입니다. 홍콩은 상속세와 증여세가 없는 국가입니다. 덕분에 보험 계약을 통해 자산을 자녀에게 넘기더라도 세금 부담이 발생하지 않습니다. 보험 계약의 수익자뿐 아니라 피보험자까지 자유롭게 바꿀 수 있어, 자산을 보장과 함께 넘겨주는 구조가 자연스럽게 설계됩니다.

예를 들어, 40대 부모가 10년간 납입한 후 60세에 은퇴하면서 자녀를 피보험자로 바꾸면, 보험은 '부모의 노후 설계 도구'에서 '자녀의 자산 형성 기반'으로 성격이 전환됩니다. 이후 손주 세대로도 피보험자를 바꿀 수 있으니, 보험 하나로 3세대 이상을 설계할 수 있는 셈입니다.

한국에서는 피보험자 교체가 불가능하거나, 증여세·상속세 등 법적 과세 문제가 따르기 때문에 이러한 설계는 엄두조차 내기 어렵습니다. 하지만 홍콩에서는 보험이 일종의 '가문형 자산 설계 도구'로서 작동할 수 있는 환경이 갖춰져 있는 것입니다.

결국 피보험자 교체 기능은 홍콩보험을 단순한 보장상품이 아니라, 시간이 키우는 복리 자산이자 가문의 유산으로 탈바꿈하는 열쇠와도 같습니다.

> 제14장

보험료는 연간 한 번에 내나요?(연납) 나눠서(월납) 내나요?

홍콩보험을 처음 접하는 분들이 가장 자주 묻는 질문 중 하나는 이렇습니다.

"보험료는 꼭 일 년치 전부를 한꺼번에 내야 하나요? 매달 나눠 내는 건 안 되나요?"

결론부터 말하자면, 한국인이 '직구'로 가입하는 홍콩보험은 연납이 원칙입니다. 즉, 보험료를 매년 한 번씩, 일시불로 납입해야 합니다. 이는 한국에 거주하면서 비거주자 신분으로 보험에 가입하는 경우 해당되는 조건입니다.

그렇다면 월납은 누구에게 가능한 걸까요?

홍콩 현지에 거주하는 사람들은 이야기가 다릅니다. 월납, 분기납, 반기납 등 다양한 납입 방식 중 자신에게 맞는 방법을 선택할 수 있습니다. 홍콩보험 자체는 원칙적으로 납입 방식이 매우 유연하게 설계되어 있습니다.

연납의 장점도 분명합니다. 보험료를 한꺼번에 납부하면, 보험사로부터 일정 수준의 할인이나 추가 배당 혜택을 받을 수 있기 때문입니다. 이는 마치 항공사에서 연간 마일리지 요금을 선결제할 때 보너스를 더 얹어주는 것과 비슷한 구조입니다.

반면, 월납처럼 분할납을 선택할 경우에는 현금 흐름 관리에 용이한 대신, 일부 보험사의 경우 총 납입금액이 더 높아질 수 있습니다. 특히 보장성 보험의 경우에는 이에 해당이 되는데, 분할납에 따른 수수료가 포함되는 경우도 있어, 장기적으로 보면 비용 측면에서 연납이 유리할 수 있습니다.

정리하자면, 홍콩에 거주하지 않는 한국인은 연납만 가능합니다. 반면 홍콩 거주자에게는 다양한 납입 방식이 열려 있습니다. 중요한 것은 자신의 자금 계획과 상황에 맞춰 보험을 설계할 수 있느냐는 점입니다. 홍콩보험은 이처럼 제한적이지만 동시에 명확한 구조를 통해, 오히려 계획적인 자산 운영을 돕는 선택지가 될 수 있습니다.

: 제15장

보험료는 몇 년 동안 내야 하나요?

홍콩보험에 처음 관심을 갖는 분들이 가장 자주 묻는 질문 중 하나는 이것입니다.

"보험료는 몇 년 동안 내야 하나요?"

한국 보험은 20년, 30년, 심지어 평생 납입하는 구조가 익숙합니다. 하지만 긴 납입 기간은 중도 해약률을 높이고, 은퇴 후까지도 보험료 부담을 지게 만드는 단점이 있습니다. 이에 비해 홍콩보험은 구조 자체가 다릅니다.

일반적으로 2년, 5년, 10년 납입제로 설계되며, 짧게 납입하고 길게 자산을 굴리는 모델입니다.

2년 납입형은 빠르게 납입을 마치고, 이후 10년, 20년 혹은 평생 거치하면서 복리로 자산을 운용하는 구조입니다. 초기 자금 여력이 있거나 퇴직금 등을 활용해 조기에 보험금 인출을 원하시는 분들에게 특히 적합합니다.

5년 납입형은 가장 널리 선택되는 '표준형'입니다. 짧지도 길지도 않은 납입 기간에, 중장기 거치를 통해 복리 효과를 기대할 수 있어 중산층부터 자산가까지 폭넓게 활용됩니다. 5년 납입 후 15~20년 이상 자산을 굴리며 자녀 명의 이전, 연금화, 중도 인출 등의 전략을 유연하게 설계할 수 있습니다.

　　10년 납입형은 납입 부담을 분산할 수 있지만, 총 납입액이 많아지고 납입 기간도 길어집니다. 초기 자금이 부족한 분들에게는 하나의 선택지일 수 있지만, '짧게 내고 길게 굴리는' 홍콩보험의 본질과는 거리가 있습니다. 한국 소비자 입장에선 선뜻 매력적으로 다가오지 않을 수 있습니다.

　　이처럼 홍콩보험은 단순한 보장이 아닌, 자산 설계의 도구로 설계된 구조입니다. 중요한 건 내 자금 흐름과 재정 목표에 맞는 납입 기간을 선택하는 일입니다.

　　보험은 사는 것이 아니라, 설계하는 것입니다.

(제16장)

건강검진 없이도 가입 가능한가요?

보험 가입을 망설이게 만드는 가장 큰 심리적 장벽 중 하나는 '건강검진'입니다. 특히 해외보험이라면 심사 기준이 더 까다롭지 않을까 하는 우려도 따릅니다. 그러나 홍콩보험은 상품의 성격에 따라, 실제로는 건강검진 없이도 가입 가능한 경우가 많습니다.

먼저 저축형 보험은 자산 증식이나 상속, 증여를 목적으로 하는 경우가 많아, 건강 상태보다는 자금 납입 능력과 유지 가능성에 초점을 맞춥니다. 복잡한 병원 검진 없이도, 가입이 가능한 경우가 대부분입니다.

반면, 건강보험(질병보장형)은 암이나 심혈관 질환 등 특정 질환 발생 시 보험금이 지급되는 구조이기에, 보다 정밀한 건강 심사가 필요합니다. 한국은 최근 3~5년간 병력 중심으로 확인하지만, 홍콩은 생애 전반의 병력을 기준으로 심사하는 경우가 많습니다. 다소 엄격해 보일 수 있지만, 그만큼 보험금 지급률과 신뢰도는 매우 높습니다. 특히 1세에서 30세 사이의 건강한 한국인 가입자라면 저렴한 보험료로 높은 보장을 받을 수 있어 유리합니다.

결론적으로, 자산 운용 목적의 저축형 보험은 건강검진 없이도 부담 없이 시작할 수 있으며, 핵심은 검진 여부가 아니라 내 삶과 계획에 맞는 보험을 어떻게 설계하느냐에 달려 있습니다.

보험은 단순한 조건이 아니라, 방향과 전략의 문제입니다.

(제17장)

보험금 청구절차, 어렵지 않나요?

보험금 청구는 어렵지 않습니다. 단, 보험의 성격에 따라 그 절차가 조금 다를 뿐입니다. 크게 나누면 저축성 보험의 인출 청구, 그리고 보장성 보험의 질병 청구 두 가지로 구분됩니다.

먼저 저축성 보험은 일정 기간 동안 자산을 축적하고, 이후 배당과 함께 이를 일부 인출하는 구조입니다. 마치 은행의 예·적금을 찾는 것처럼 단순한 절차로 이루어집니다.

예를 들어, 2년 납입, 3년 거치의 구조라면 이후 시점부터는 수익이 쌓인 자산을 자유롭게 일부 인출할 수 있습니다. 청구는 대부분 보험사 홈페이지나 모바일 앱을 통해 신청하며, 통상 7~14영업일 내 지급이 완료됩니다. 필요한 서류도 간단합니다. 여권 사본과 인출 신청서만으로 충분합니다. 홍콩보험이 자산관리 수단으로 주목받는 이유는 바로 이 유연성과 간편성에 있습니다.

반면, 보장성 보험은 암, 심혈관 질환 등 약 128개 특정 질환에 대한 보장을 전제로 하기 때문에 청구 과정이 조금 더 정교합니다. 병원 진단 후 보험금을 청구하는 구조이며, 이때는 반드시 영문 진단서(진단명만 표시, 질병분류코드 불필요)와 영문 의무기록사본이 필요합니다. 서류가 완비되면 평균 14영업일 이내 지급이 이루어지며, 가입 후 5년 이내 청구의 경우에는 한국 내 손해사정인의 실사가 진행될 수 있습니다. 반면 5년 이후 청구는 보다 간소화된 절차로 진행되는 경우가 많습니다. 홍콩보험은 전 생애 병력을 기준으로 심사하는 만큼, 가입 시 정직한 고지가 보험금 청구의 신뢰를 좌우합니다. 까다로운 심사 기준은 단점이 아니라, 보험금 지급률이 높은 이유이기도 합니다.

요컨대, 보험금 청구는 두려울 일이 아닙니다. 구조만 제대로 이해하고 준비만 잘한다면, 보험은 단지 보장의 약속을 넘어, 필요할 때 나를 지켜주는 아주 현실적인 '수단'이 됩니다.

제18장

보험금은 어떻게 수령하나요?

보험은 가입도 중요하지만, 나중에 보험금을 어떻게 받느냐도 그에 못지않게 중요한 문제입니다. 특히 홍콩보험이라면, 지급 절차가 복잡할 거라는 우려가 생기기 마련입니다. 하지만 결론부터 말씀드리자면, 전혀 어렵지 않습니다. 홍콩보험의 보험금 수령은 체계적이며, 한국인 가입자의 경우에도 명확한 세 가지 방식으로 수령이 가능합니다.

첫째, 홍콩 내 은행 계좌로 직접 송금받는 방식입니다.

홍콩 거주자인 경우 이에 해당이 됩니다. 만약 홍콩 현지은행(예: HSBC, 스탠다드차타드 등)에 본인 명의의 계좌가 있다면, 가장 간편하고 빠르게 보험금을 받을 수 있습니다. 보험금은 전자이체(EFT) 방식으로 지급되며, 일반적으로 5~10영업일 내에 입금이 완료됩니다. 수수료가 거의 없고, 지급 지연도 적어 가장 선호되는 방식입니다.

둘째, 한국 내 은행 계좌로 해외 송금을 받는 방식입니다.

본인 명의의 한국 시중은행 계좌로 보험금을 수령할 수 있습니다. 이때는 TT(Telegraphic Transfer) 방식이 사용됩니다. 보험금 청구 시 함께 제출해야 할 정보로는 SWIFT 코드, 수령 은행명, 지점 정보, 계좌번호 등이 있으며, 송금은 통상 7~14영업일 내 이뤄집니다. 이 과정에서 일부 송금 수수료나 중개은행 비용이 발생할 수 있으며, 환율 변동도 고려하셔야 합니다.

셋째, 제3국의 은행 계좌로 송금 받는 방법입니다.

제3국 계좌를 활용하고 싶은 분들도 많습니다. 이 경우에도 동일하게 TT 방식으로 송금이 가능하며, 국가별 규제나 수수료 조건에 유의하시면 무리 없이 수령이 가능합니다.

참고로, 홍콩에 거주 중이신 경우에는 수표(Cheque) 방식이나 FPS(Faster Payment System) 같은 실시간 지급 방식도 선택이 가능합니다. 자세한 인출 절차와 유의사항은 제60장 「보험금 인출은 어떻게 하나요?」에서 확인하실 수 있습니다. 보험금 수령, 어렵지 않습니다. 중요한 건 나의 자금 흐름과 목적에 맞는 수령 방식을 사전에 이해하고 준비하는 일입니다. 결국 보험은 '받을 수 있느냐'보다 '어떻게 잘 받을 것이냐'를 고민하는 과정에서 진정한 가치를 발휘합니다.

(제19장)

중도 인출은 자유로운가요?

저축형 보험은 단순히 만기까지 묻어 두는 상품이 아닙니다. 필요할 때 자산 일부를 꺼내 쓸 수 있는 유연함—즉, 중도 인출(Partial Withdrawal) 기능이 핵심입니다.

결론부터 말씀드리자면, 대부분의 홍콩 저축성 보험은 일정 조건을 충족하면 중도 인출이 가능합니다. 다만 상품마다 인출 시점이나 방식에 차이가 있으므로 정확한 구조 이해가 필요합니다.

예컨대, 2년 납입 후 3년 거치 구조의 상품이라면, 총 6년이 지난 시점부터 중도 인출이 가능한 경우가 많습니다. 이때 인출은 계약 해지가 아닌 '부분 인출'로 처리되어, 보험 계약 자체는 유지됩니다. 마치 예금통장에서 필요한 금액만 인출하듯, 유동성을 확보하면서도 자산 전체를 보호할 수 있는 구조입니다.

일부 보험사는 보너스 적립 계정을 따로 마련해 두고, 거치기간 종료 후 그 계정 내 자산만 인출할 수 있도록 설계하기도 합니다. 이는 원금을 건드리지 않고 복리 성장을 유지하면서 필요한 유동성만 확보할 수 있는 실용적인 방식입니다.

다만, 가입 초기에는 주의가 필요합니다. 특히 초기 2년 이내에는 해지 환급금이 '0원'인 경우가 많아, 중도 인출 자체가 불가능할 수 있습니다. 또 상품에 따라 최소 인출 금액이나 연간 인출 가능 횟수 등이 정해져 있는 경우도 있으므로, 사전에 보험사 시뮬레이션을 통해 영향도를 확인하는 것이 중요합니다.

정리하자면, 홍콩 저축형 보험은 단순한 장기 예치 상품이 아니라, 자산 흐름을 유연하게 설계할 수 있는 도구입니다. 중도 인출 역시 '아무 때나 꺼내 쓸 수 있는' 기능이 아니라, 전략적으로 활용할 수 있는 선택지로 이해해야 합니다.

보험은 보장만을 위한 것이 아니라, 유동성과 수익률을 동시에 설계하는 재정적 전략의 일부입니다. 중도 인출 기능은 바로 그 전략의 유연한 연결고리입니다.

(제20장)

연금처럼 매월 수령할 수 있나요?

물론 한국인도 홍콩보험에서 발생하는 보험금을 매월 연금처럼 정기적으로 수령할 수 있습니다. 실제로 대부분의 보험사는 연금 형태의 매월 또는 매년 정기 수령 시스템을 지원하며, 한국인의 경우에도 외화계좌만 있으면 TT(전신송금) 방식으로 정기 송금이 가능합니다.

다만, 여기서 한 가지 중요한 점이 있습니다.

정기적인 TT 송금은 매번 일정 수준의 송금 수수료와 외화 수취 수수료가 발생한다는 점입니다. 예컨대, 매월 200~300달러 수준의 연금을 수령할 경우, 송금 수수료가 오히려 부담이 될 수 있습니다. 이 때문에 많은 분들이 연간 한 번, 혹은 6개월에 한 번 정도로 수령 주기를 조정하여 수수료를 줄이고 실질 수령액을 높이는 전략을 택하고 있습니다.

즉, 매월 수령은 가능하되, 한국에서는 송금 비용을 감안해 '묶어서 받는 방식'이 실속 있다는 것이 현실적인 조언입니다.

한편, 연간·반기 수령 방식은 자산 운용 효율성 측면에서도 유리할 수 있습니다. 매달 소액으로 분산 수령하는 것보다, 모아서 일정 기간 운용한 후 필요한 시점에 꺼내 쓰는 방식이 자산 관리 면에서도 더 안정적이기 때문입니다.

참고로, 홍콩 거주자라면 FPS(빠른 지급시스템)이나 수표 지급 방식으로 수수료 부담 없이 간편하게 수령할 수도 있습니다. 하지만 해외 거주자라면 수령 구조와 비용, 세금까지 고려해 지급주기를 설계하는 것이 현명한 전략이라 할 수 있습니다.

결국 홍콩보험은 '매달 꼭 받아야 하는 연금'이 아니라, '언제, 어떻게 꺼내 쓰느냐'를 설계할 수 있는 연금형 자산이라는 점에서 더욱 강력한 도구가 됩니다.

PART 3

수익성과 안전성

홍콩보험의 실제 수익률과 안정성을
다각도로 분석

(제21장)

연 7% 복리, 정말 가능한가요?

홍콩보험에 대해 조금이라도 알아보신 분들이라면, '연 7% 복리'라는 표현을 한 번쯤 들어 보셨을 겁니다. 언뜻 들으면 마케팅용 숫자처럼 느껴질 수도 있지만, 이 수치는 단지 희망사항이 아닙니다. 유배당보험이라는 구조, 실제 운용 전략, 그리고 글로벌 보험사의 자산관리 시스템을 살펴보면, 이 수익률이 왜 실현 가능한지를 이해할 수 있습니다.

무엇보다 유배당보험은 단순한 금융상품이 아니라, 가입자와 보험사가 이익을 함께 나누는 구조로 설계되어 있습니다. 고객이 낸 보험료는 주식, 채권, 부동산 등 다양한 자산에 투자되며, 이외에도 발생하는 수익은 크게 다섯 가지로 나뉩니다.

첫째, 해지공제수익입니다. 예를 들어 적립금이 1억 원인 계약자가 중도 해지하여 환급금 8천만 원을 수령할 경우, 남는 2천만 원은 해지하지 않은 계약자들과 공유됩니다. 무배당보험이라면 이 금액은 전부 보험사의 몫이지만, 유배당 구조에서는 나머지 계약자들의 배당 재원이 됩니다.

둘째, 사차익. 보험사는 통계적으로 연간 사망자 수를 예측하고 준비하지만, 실제 사망률이 예상보다 낮으면 그만큼 지급하지 않은 보험금이 수익으로 남습니다. 이 역시 계약자들과 공유됩니다.

셋째, 이차익. 상품 설계 당시 예상한 금리보다 실제 운용 금리가 높을 경우, 그 초과 수익도 배당 재원이 됩니다. 예컨대 2%를 기준으로 상품을 설계했는데 실제로 4%의 금리 수익이 발생했다면, 그 차이인 2%가 계약자의 이익으로 돌아갑니다.

넷째, 비차익. 인건비나 임대료, 마케팅비 등 사업 운영에 책정된 비용이 실제로 절감될 경우, 그 절감분도 계약자와 나눕니다.

다섯째, 기타수익. 예를 들어 보험사가 보유한 부동산에서 나오는 임대 수익이나 본업 외의 자산운용 수익 등은 고스란히 배당 재원이 됩니다.

이러한 자연 발생적 수익에 더해, 글로벌 보험사들은 수익의 기초 체력

출처: 네이버 미국 국채수익률, 2025.07.07. 기준

을 유지하기 위해 전체 자산의 약 50% 이상을 미국 국채에 투자합니다. 2025년 기준으로 10년물 국채 수익률은 4.377%, 30년물은 4.908%에 이르며, 이는 매우 안정적인 장기 수익을 의미합니다.

보험사는 이 채권 수익에 주식과 부동산 수익, 그리고 위에서 말한 유배당 구조의 자연 발생적 이익을 더해 고객에게 배당을 제공합니다.

요약하자면, 유배당보험은 보험사가 벌어들인 총 수익 중 약 90%를 고객과 나누고, 10%만을 보험사가 가져가는 구조입니다. 이런 시스템이라면, 보험사가 연 7%의 수익을 지급하는 것이 그리 어려운 일은 아닙니다. 오히려 이 구조는 고객에게 더 많은 수익을 분배하도록 설계된 장치입니다.

2025년 7월 1일부터 홍콩 보험감독국(IA)은 소비자 보호와 시장 투명성 강화를 위해 '해지환급금 예상수익률 상한선 제도'를 도입했습니다. 이에 따라 앞으로는 홍콩달러 상품은 최대 연 6.0%, 미국달러 상품은 최대 연 6.5%까지만 수익률을 예시할 수 있습니다. 이는 '수익률의 현실화' 조치로, 소비자에게 과도한 기대를 주지 않도록 하고, 동시에 보험사의 건전성과 신뢰도를 높이기 위한 정책입니다. 즉, 앞으로 홍콩보험에서 '연 7%'라는 표현은 공식적으로 사라질 수 있지만, 이는 수익률 자체가 불가능해서가 아니라, 전망의 상한선을 명확히 하여 시장을 보호하려는 제도적 장치입니다.

결국, 연 7% 복리는 마법이 아니라 '설계된 결과'입니다. 숫자에 매몰되기보다 그 안의 철학과 구조를 이해할 때, 우리는 이 상품이 단순한 보장이 아닌, 전략적 자산 운용의 도구임을 비로소 알게 됩니다.

제22장

해지환급금이
원금 초과되는 시점은 언제인가요?

보험을 활용해 자산을 설계할 때, 많은 분들이 가장 궁금해하는 지점 중 하나는 바로 이것입니다.

"언제 해지환급금이 내가 낸 원금을 넘기 시작하나요?"

만기 수익률보다도 체감되는 이 '손익분기점'은, 중도 인출 시기나 운용 전략을 설계할 때 핵심 기준이 됩니다. 홍콩 유배당 저축보험은 초기에 사업비가 반영되기 때문에, 가입 직후 몇 년간은 해지환급금이 납입 원금에 미치지 못하는 것이 일반적입니다. 그러나 시간이 지나면서 복리 구조와 배당 효과가 본격적으로 작동하게 되고, 일정 시점부터는 납입한 원금을 초과하기 시작합니다.

납입 기간별로 해지환급금이 원금을 초과하는 시점은 대략 다음과 같습니다.

납입 기간	원금 초과 예상 시점
2년 납입	5~6년 차
5년 납입	7~8년 차

이는 보험사별 배당 설계, 초기 보너스 구조, 자산 운용 전략 등에 따라 다소 차이가 있을 수 있습니다. 흥미롭게도 일부 보험사는 이 손익분기점을 더 앞당기기도 합니다. 예를 들어, G보험사의 경우 2년 납입 상품인데도 불구하고 만 3년 만에 해지환급금이 원금에 도달하는 구조를 갖추고 있어 많은 이들의 관심을 받고 있습니다.

결국 보험의 수익은 단순히 '얼마를 납입했느냐'보다 '어떤 조건으로, 어떤 구조를 통해 가입했느냐'에 따라 크게 달라질 수 있습니다. 보험은 길게 묻어 두는 상품이 아니라, 언제 수익이 발생하고, 어떤 흐름으로 운용할지를 주도적으로 설계하는 자산 도구입니다.

해지환급금이 원금을 초과하는 그 시점을 이해하는 것—그것이 보험을 '소비'가 아닌 '전략'으로 전환하는 첫 단추입니다.

제23장

한국과 홍콩의 종신보험, 무엇이 다른가?

종신보험. 그 이름처럼, 평생을 보장한다는 묵직한 약속을 담은 금융상품입니다. 그러나 그 약속의 무게는 나라에 따라, 보험사에 따라, 그리고 그 설계의 철학에 따라 달라집니다. 이 장에서는 한국과 홍콩의 종신보험을 납입 보험료, 해지환급금, 사망보험금이라는 세 가지 축을 중심으로 비교하며, 진짜 '유리한 보험'이 무엇인지 함께 따져 보려 합니다.

1. 납입 보험료, 비용에서 시작되는 이야기

가장 먼저 살펴볼 것은 '보험료'입니다. 아무리 좋은 보험이라 해도, 감당할 수 없는 가격이라면 무용지물일 테니까요. 한국 A사의 연간 보험료는 약 4,764달러. 이에 비해 홍콩 C사(B)는 3,544달러로 25%가량 저렴합니다. 같은 종신보험이지만, 시작점에서부터 차이는 존재합니다. 이는 단순한 가격 경쟁이 아니라, 상품 구조의 효율성 차이에서 비롯된 것입니다.

2. 보장금액 대비 원금비율, '같은 돈에 더 많은 보장'

보험료만큼이나 중요한 것은, '내가 낸 돈으로 얼마나 많은 보장을 받을 수 있는가'입니다. 이른바 보장금액 대비 원금비율입니다. 한국 A사는 47%로 높은 비율을 보이나, 이는 높은 보험료가 반영된 결과이기도 합니다. 반면, 홍콩 C사(B)는 35% 수준. 같은 비용으로 더 많은 사망보험금 보장을 설계할 수 있다는 점에서, 구조적인 장점을 드러냅니다.

3. 해지환급금, 단기와 장기 사이에서

종신보험을 중도 해지하는 경우 돌려받게 되는 금액, 바로 해지환급금입니다. 10년 차 기준으로 보면 한국 A사는 원금 대비 106%, 약 50,536달러를 환급합니다. 반면 홍콩 C사(A)는 약 19,472달러, 즉 원금의 49%에 불과합니다. 겉으로 보기엔 한국이 더 나아 보입니다. 그러나 시간을 더 길게 잡아 보면 이야기는 달라집니다. 30년 차 기준으로 홍콩 C사(B)는 무려 104,525달러, 원금의 3배가 넘는 환급금을 제공합니다. 한국 A사는 같은 기간 동안 74,226달러, 약 1.6배에 그칩니다. 종신보험이란 결국 장기전입니다. 오래 유지할수록, 그 가치가 극대화된다는 점을 잊지 말아야 합니다.

4. 사망보험금, 결국 남는 것은 보장이다

종신보험의 본질은 사망보험금에 있습니다. 내가 세상을 떠난 뒤, 남겨진 가족을 위한 마지막 배려이자 유산이죠. 10년 차 시점, 홍콩 A사는 약 139,813달러를 보장합니다. 한국 A사는 110,852달러. 시간의 흐름이 길어질수록 그 격차는 더 벌어집니다. 60년 후, 홍콩 C사(B)는 501,853달러, 즉 원금의 14배에 달하는 금액을 남깁니다. 한국 A사는 여전히 110,852달러 수준입니다. 종신보험이 '평생 보장'을 이야기하는 이상, 이 차이는 무시할 수 없습니다.

결국 보험이란, 수치보다 구조입니다. 짧은 시간에 돌려받을 수 있는 금액이 중요한 분에게는 한국 상품이 더 편리할 수도 있습니다. 하지만 '장기 보장'과 '자산 증식'이라는 본질에 충실하고자 한다면, 홍콩 종신보험은 분명히 다른 선택지를 보여 줍니다.

보험은 단지 가입하는 것이 아니라, 설계하는 것입니다. 내 삶의 끝에서 누군가에게 무엇을 남길 것인지, 그 질문에 가장 효율적으로 답하는 구조는 무엇인지—이 질문의 답이 바로 보험의 가치를 결정짓는 기준이 됩니다.

단위 : USD

종신보험 10만불 * 10년납	년간 보험료	보장금액 대비 원금비율	10년차 해지환급금	10년차 사망보험금	30년차 해지환급금	30년차 사망보험금	60년차 해지환급금	60년차 사망보험금
A사	4,063	41%	34,919 (86%)	139,813 (3.4배)	98,328 (2.4배)	191,978 (4.7배)	438,449 (11배)	
C사(A)	3,967	40%	19,472 (49%)	112,872 (2.8배)	96,366 (2.4배)	144,266 (3.6배)	319,470 (8배)	
C사(B)	3,544	35%	20,174 (57%)	114,038 (3.2배)	104,525 (3배)	147,771 (4.2배)	501,853 (14배)	
S사	4,571	46%	35,801 (78%)	124,785 (2.7배)	144,539 (3.2배)	240,898 (5.3배)	607,532 (13배)	
한국 A사	4,764	47%	50,536 (106%)	110,852 (2.3배)	74,226 (1.6배)	110,852 (2.3배)	103,556 (2.2배)	110,852 (2.3배)

1 USD = 1,350 WON

한국 vs 홍콩보험사 종신상품 비교표

제24장

보험 사업비는 얼마나 빠져나가나요?

보험을 자산설계의 도구로 고려할 때, 마주하게 되는 장벽 중 하나는 '사업비'라는 이름의 보이지 않는 비용입니다. 보험에 가입하면서 실제로 얼마만큼의 돈이 운영비용으로 빠져나가는지—이 질문은 단순한 수치 이상의 의미를 지닙니다. 바로 '내가 낸 돈이 얼마나 효율적으로 일하고 있는가'에 대한 본질적인 물음이기 때문입니다.

홍콩의 유배당형 보험 역시 예외는 아닙니다. 다만 중요한 점은, 그 구조가 한국보다 훨씬 더 투명하게 설계되어 있다는 사실입니다.

2020년 이후 홍콩 보험감독국(IA)은 GL34 지침을 통해 보험사가 운영하는 모든 유배당 상품에 대해 비용 구조를 명확히 공개하도록 의무화했습니다. 이에 따라, 보험사는 단순한 설계사 수수료뿐 아니라 운영비, 자산관리비, 보증비용, 자본적정성 유지비용(RBC 기반)까지 포괄적으로 설명해야 하며, 해당 자료는 감독당국 및 계리사의 검토를 받습니다.

예를 들어, 고객이 납입한 보험료 중 일부는 계약 관리비용, 서류발행비, 리스크 헷지 비용(특히 보증이율 유지에 필요한 비용)으로 차감됩니다. 또 보험사는 장기지급 여력을 확보하기 위해 일정 비율을 자본 적립에 활용합니다. 이 모든 비용은 상품 약관 내에 정식 표기되어 있으며, 예상 수익률 산출 시 반드시 반영됩니다.

그러나 사업비가 빠진다고 해서 불리하다고만 보기는 어렵습니다. 오히려 장기 복리 운용구조와 배당 분배 방식을 통해 일정 시점 이후 이 비용이 회수되고, 오히려 더 큰 수익으로 전환되는 것이 유배당보험의 구조적 특징입니다. 마치 초기에 투자한 비용이 이후 자산의 복리 성장에 필요한 '시동비'처럼 작동하는 셈이죠.

보험은 단순히 '얼마 빠지느냐'보다 '빠진 비용이 어떻게 회수되고, 어떤 방식으로 나에게 돌아오는가'를 따져야 하는 상품입니다. 홍콩보험은 이 지점에서 매우 논리적이고 투명한 시스템을 갖추고 있습니다. 단기보다는 장기, 소비보다는 전략―그것이 홍콩 유배당보험의 설계 철학이기도 합니다.

(제25장)

설계서의 약속은 지켜질까?
(이행률)

보험은 약속의 상품입니다. 수십 년에 걸쳐 적립한 자산이 결국 어떻게 되느냐는, 보험사가 그 약속을 얼마나 성실히 지키는가에 달려 있습니다. 그래서 보험을 선택할 때 단순히 "얼마나 수익이 좋다더라"는 말보다는, 과연 실제로 그렇게 지급되고 있는가를 확인하는 일이 훨씬 중요합니다. 이때 핵심이 되는 지표가 바로 '이행률(Fulfillment Ratio)'입니다.

홍콩 보험사들은 매년 이행률을 자사 홈페이지에 공시해야 합니다. 이는 단순한 자발적 투명성 확보가 아닙니다. 홍콩 보험감독국(IA)이 발표한 GN16 지침, 즉 "장기보험 인수지침(Business of Long Term Insurance Underwriting Guidelines)"에 따라, 법적 의무로 정해져 있습니다. 특히 제4조에서는 이사회, 통제관 및 임명된 보험계리사의 책임과 윤리를 명시하고 있는데, 이들은 소비자에게 예시된 배당 수익률이 실제와 괴리되지 않도록 적극적으로 관리해야 할 의무를 집니다.

만약 이를 소홀히 할 경우, CEO나 책임계리사에게 중징계가 내려질 수 있다는 점도 이 문서에 분명히 명시되어 있습니다. 다시 말해, 보험사는 설계서에 제시한 비보장보너스 수익률을 최대한 현실화해야 할 책임을 진다는 뜻입니다.

---

4. DUTIES OF THE BOARD, THE CONTROLLER AND THE APPOINTED ACTUARY

4.1 It is the duty of the Controller, as specified under section 13A of the ICO, to ensure that requirements set out in this Guidance Note and the relevant ICPs are observed throughout the life cycle of all long term (except Class C) insurance policies. It is also the duty of the Board to maintain general oversight over the implementation of measures in compliance with this Guidance Note and is ultimately responsible for ensuring fair treatment of customers.

4.2 It is a reasonable expectation for policyholders to expect to receive at least a fair proportion, if not all, of the non-guaranteed part of the illustrated benefits. It is the duty of the Controller, the Appointed Actuary and the Board to ensure that such policyholders' reasonable expectation is met.

4.3 It is a continuing duty of the Appointed Actuary to advise the Board of his or her interpretation of policyholders' reasonable expectations. For instance, in the context of the provision of benefit illustration, it is the duty of the Appointed Actuary to adopt reasonable assumptions, as well as to provide regular and up-to-date assessment of such assumptions to the Board for making suitable amendments. When a significant change of the underlying assumptions is likely to take place, the Appointed Actuary should take all reasonable steps to ensure that the Board appreciates the implications for the reasonable expectations of the policyholders.

4.4 Any attempt to circumvent the requirements prescribed in this Guidance Note would be regarded as acting in bad faith. In the case of Controllers, this may affect the "fit and proper" assessment under section 8(2) of the ICO. In the case of Appointed Actuaries, this may constitute non-compliance with professional standards under section 15C of the ICO, and may render the incumbent not acceptable to the IA under section 15(1)(b) of the ICO.

출처: 홍콩 보험감독국 GN16 지침서 일부

이행률은 말 그대로 "약속한 대로 이행되었는가?"를 보여 주는 수치입니다. 예를 들어, 10년간 1,000만 원의 배당을 약속했는데 실제로 1,060

만 원이 지급되었다면 이행률은 106%입니다. 반대로 830만 원만 지급되었다면 83%입니다. 간단하지만 강력한 신뢰 지표인 셈입니다.

실제 공시 사례를 보면 이 수치가 얼마나 유용한지 알 수 있습니다.

- A보험사(A)는 USD 기준 2016년 상품의 이행률이 106%. 설계서 수치를 초과해 지급했다는 의미로, 설계 정확성과 운용 신뢰도가 높다는 방증입니다.
- 반면 A보험사(B)의 일부 상품은 평균 83%에 머물고 있어, 같은 조건하에서 수익이 기대 이하일 수 있음을 시사합니다.
- P보험사는 대부분의 상품에서 설계서 대비 100% 이상 이행률을 기록하고 있어, 중장기 자산 운용의 안정성을 보여 주고 있습니다.
- 한편, T보험사는 이행률 저조로 인해 일부 상품 판매를 중단하기도 했습니다.

Life Protection and Savings – Savings Oriented

Total Value Ratio	Policy Year 1 (2020)	Policy Year 2 (2019)	Policy Year 3 (2018)	Policy Year 4 (2017)	Policy Year 5 (2016)	Policy Year 6 (2015)	Policy Year 7 (2014)	Policy Year 8 (2013)	Policy Year 9 (2012)	Policy Year 10 (2011)	Policy Year 10+ (2010 or before)
W											
HKD	Not Applicable (d)	Not Applicable (a)	103%	103%	104%	Not Applicable (c)					
Non-HKD	Not Applicable (d)	Not Applicable (a)	103%	102%	106%	Not Applicable (c)					
P											
All currencies	100%	100%	101%	Not Applicable (c)							
All currencies	100%	100%	101%	Not Applicable (c)							
M											
All currencies	Not Applicable (d)		97%	97%	97%	97%	92%	92%	92%		
M											
HKD*	Not Applicable (d)	100%	100%	99%	103%	102%	98%	98%	98%	Not Applicable (c)	
Non-HKD	Not Applicable (d)	100%	100%	100%	104%	101%	93%	94%	94%	Not Applicable (c)	
J											
All currencies	Not Applicable (d)	100%	102%	101%	101%	101%	Not Applicable (c)				
All currencies	100%	100%	Not Applicable (c)								

출처: https://www.ia.org.hk/en/fulfillment_ratio/list_of_-insurer.html, A보험사(A)

Product Series	Product Type	Currency	Policy year					
T	Endowment	All	Policy year 1 (2020) Closed to sales	Policy year 2 (2019) Closed to sales	Policy year 3 (2018) Closed to sales	Policy year 4 (2017) N.A.(5)	Policy year 5 (2016) N.A.(5)	Policy year 6 (2015) N.A.(5)
			Policy year 7 (2014) 169%	Policy year 8 (2013) 169%	Policy year 9 (2012) 169%	Policy year 10 (2011) 169%	Policy year 11 (2010) N.A.(5)	

Product Series	Product Type	Currency	Policy year					
S	Income Plan	All	Policy year 1 (2020) 100%	Policy year 2 (2019) 99%	Policy year 3 (2018) 99%	Policy year 4 (2017) 98%	Policy year 5 (2016) 98%	Policy year 6 (2015) 98%
			Policy year 7 (2014) 98%	Policy year 8 (2013) 98%	Policy year 9 (2012) 97%(6)	Policy year 10 (2011) Not yet launched	Policy year 11 (2010) Not yet launched	

Product Series	Product Type	Currency	Policy year					
S	Endowment	All	Policy year 1 (2020) 112%	Policy year 2 (2019) 65%	Policy year 3 (2018) 70%	Policy year 4 (2017) 75%	Policy year 5 (2016) 78%	Policy year 6 (2015) 83%
			Policy year 7 (2014) 84%	Policy year 8 (2013) 86%	Policy year 9 (2012) 86%	Policy year 10 (2011) 87%	Policy year 11 (2010) 87%	

출처: https://www.ia.org.hk/en/fulfillment_ratio/list_of_-insurer.html, A보험사(B)

G Savings Plan
Product Type : Participating Whole Life
Total Cash Value (TCV) ratio for reporting year 2021

Currency	Policy year (Policy effective in¹)									
	1 (2020)	2 (2019)	3 (2018)	4 (2017)	5 (2016)	6 (2015)	7 (2014)	8 (2013)	9 (2012)	10 (2011)	10+ (Before 2011)
USD	N/A	N/A	N/A	N/A	101%	101%	96%	104%	103%	99%	104%

E Regular Pay
Product Type : Participating Whole Life
Total Cash Value (TCV) ratio for reporting year 2021

Currency	Policy year (Policy effective in¹)										
	1 (2020)	2 (2019)	3 (2018)	4 (2017)	5 (2016)	6 (2015)	7 (2014)	8 (2013)	9 (2012)	10 (2011)	10+ (Before 2011)
USD	N/A	N/A	92%	101%	102%	97%	94%	101%	97%	101%	101%
HKD	N/A	N/A	104%	102%	98%	91%	89%	90%	83%	90%	N/A
RMB	N/A	N/A	N/A	N/A	112%	109%	103%	N/A	N/A	N/A	N/A

출처: https://www.ia.org.hk/en/fulfillment_ratio/list-_of_insurer.html, P보험사

Product	Product Type	Policy Currency	Dividend Type	Fulfillment Ratios for Reporting Year 2021										
				Policy Effective in 2020 (Policy Year 1)	Policy Effective in 2019 (Policy Year 2)	Policy Effective in 2018 (Policy Year 3)	Policy Effective in 2017 (Policy Year 4)	Policy Effective in 2016 (Policy Year 5)	Policy Effective in 2015 (Policy Year 6)	Policy Effective in 2014 (Policy Year 7)	Policy Effective in 2013 (Policy Year 8)	Policy Effective in 2012 (Policy Year 9)	Policy Effective in 2011 (Policy Year 10)	Policy Effective in 2010 (Policy Year 11)
B	Whole Life Critical Illness	HKD	Annual Dividend	100%	92%	93%	95%	96%	97%	N/A	N/A	N/A	N/A	N/A
			Terminal Dividend	N/A	N/A	N/A	N/A	N/A	N/A	N/A	N/A	N/A	N/A	N/A
		USD	Annual Dividend	N/A	91%	93%	95%	96%	96%	N/A	N/A	N/A	N/A	N/A
			Terminal Dividend	N/A	N/A	N/A	N/A	N/A	N/A	N/A	N/A	N/A	N/A	N/A
C	Whole Life	USD	Annual Dividend	91%	97%	99%	100%	100%	99%	98%	N/A	N/A	N/A	N/A
			Terminal Dividend	N/A	N/A	N/A	N/A	100%	N/A	N/A	N/A	N/A	N/A	N/A
D	Endowment	HKD	Annual Dividend	N/A	N/A	N/A	N/A	N/A	107%	95%	N/A	N/A	N/A	N/A
		USD	Annual Dividend	N/A	N/A	N/A	N/A	N/A	107%	95%	N/A	N/A	N/A	N/A
D	Whole Life	HKD	Annual Dividend	N/A	N/A	N/A	N/A	N/A	98%	86%	68%	57%	57%	59%
			Terminal Dividend	N/A	N/A	N/A	N/A	N/A	N/A	77%	61%	38%	37%	37%
		USD	Annual Dividend	N/A	N/A	N/A	N/A	N/A	98%	85%	74%	64%	58%	61%
			Terminal Dividend	N/A	N/A	N/A	N/A	N/A	N/A	77%	64%	58%	37%	37%

출처: https://www.ia.org.hk/en/fulfillment_ratio-/list_of_insurer.html, T보험사

요컨대, 홍콩보험을 고려하신다면 '수익률이 몇 퍼센트냐'보다 '그 수익이 얼마나 지켜졌느냐'를 먼저 따져야 합니다. 신용등급과 함께 이행률은 보험사를 고르는 가장 실질적이고 강력한 기준이 될 수 있습니다. GN16은 이 약속을 제도적으로 뒷받침하는 장치이며, 소비자의 권리를 지켜 주는 든든한 울타리이기도 합니다.

보험은 '약속'입니다. 그리고 그 약속이 지켜졌는지를 보여 주는 것이 바로 이행률입니다.

이 한 줄의 기준만으로도, 당신의 선택은 훨씬 더 신뢰에 가까워질 수 있습니다.

(제26장)

설계서는 매년 재발행되나요?

홍콩의 저축성 보험에 가입하신 분이라면, 매년 '증서 기념 명세서(Policy Anniversary Statement)'를 받게 됩니다. 이 명세서는 단순한 통지가 아닙니다. 보험사와 가입자 간의 약속이 실제로 어떻게 이행되고 있는지를 투명하게 보여 주는 공식 문서입니다. 특히, 매년 보험 가입일을 기준으로 발행되는 이 명세서는 그해의 실제 배당 내역, 예시 수익률과의 비교, 그리고 향후 예상 수익률까지 포함하고 있어, 장기적인 자산 설계에 매우 중요한 기준이 됩니다.

예를 들어, A사 상품에 가입한 준사부의 사례를 보면, 2019년부터 2024년까지 매년 빠짐없이 보고서가 발행되었습니다. 각 연차 명세서에는 해당 연도에 선언된 Reversionary Bonus(지급형 보너스), Terminal Bonus(만기형 보너스) 등이 정확히 명시되어 있습니다. 예컨대, 5년 차 명세서(2024년 기준)에서는 Reversionary Bonus가 3,617달러, Terminal Bonus가 20,784달러로 기재되어 있습니다. 이처럼 실제 수치가 매년 고지되기 때문에, 가입자는 예상치와 실제 성과의 차이를 비교하며 계약의 신뢰도를 직접 확인할 수 있습니다. 가입 당시 설계서에는 5년 차 해지환급금이 58,031달러로 예상되었으나, 실제 5년 차 설계서 기준으로는 해지환급금이 59,921달러로 나타났습니다. 이는 예정 대비 102.6% 수준으로, 기존 예상보다 2.6% 더 높은 금액이 지급된 것입니다.

Basic Plan - Illustration Summary 基本計劃－說明摘要						
		SURRENDER VALUE 退保發還金額				
		Guaranteed 保證	Non-Guaranteed 非保證			
End of Policy Year 保單年度終結	Total Premiums Paid 已繳保費總額	Guaranteed Cash Value 保證現金價值	Cash Value of Reversionary Bonus 保額增值紅利之現金價值	Cash Value of Terminal Bonus 終期紅利之現金價值	Total 總額	
		(1)	(2)	(3)	(1)+(2)+(3)	
1	20,000	0	0	0	0	
2	40,000	0	0	0	0	
3	60,000	14,208	756	11,570	26,534	
4	80,000	23,820	1,958	15,165	40,943	
5	100,000	35,520	3,617	18,894	58,031	가입시 설계서
保單年度終結	已繳保費總額	(1)	(2)	(3)	(1)+(2)+(3)	
2	40,000	0	0	0	0	
3	60,000	14,208	756	11,570	26,534	
4	80,000	23,820	1,958	15,165	40,943	
5	100,000	35,520	3,617	18,894	58,031	가입 2년차
保單年度終結	已繳保費總額	(1)	(2)	(3)	(1)+(2)+(3)	
3	60,000	14,208	756	13,306	28,270	
4	80,000	23,820	1,958	15,165	40,943	
5	100,000	35,520	3,617	18,894	58,031	가입 3년차(106.5%)
保單年度終結	已繳保費總額	(1)	(2)	(3)	(1)+(2)+(3)	
4	80,000	23,820	1,958	15,165	40,943	
5	100,000	35,520	3,617	18,894	58,031	가입 4년차(100%)
保單年度終結	已繳保費總額	(1)	(2)	(3)	(1)+(2)+(3)	
5	100,000	35,520	3,617	20,784	59,921	가입 5년차(102.6%)

출처: 2019년 준사부가 가입한 A사 저축보험, 매년 발행된 가입설계서

이 제도는 홍콩 보험감독국(IA)이 제시한 'GN16 장기보험 인수지침'에 따라 운영되고 있습니다. 해당 지침 제4조에서는 보험사의 이사회와 책임계리사에게 배당 수익 예시에 대한 실질적 책임을 부여하고 있으며, 만일 이를 소홀히 할 경우 엄중한 제재가 가해질 수 있도록 규정되어 있습니다. 즉, 보험사는 예시로 제시한 수익률을 단순한 추정치가 아니라 지켜야 할 기준으로 보고, 해마다 이를 공시해야 할 의무를 지니고 있는 것입니다.

결론적으로, 홍콩 보험사의 설계서는 매년 갱신되며, 그 내용은 단지 서류상의 수치가 아니라 실제로 고객과 약속한 수익률이 얼마나 지켜졌는지를 보여 주는 '신뢰의 척도'입니다. 가입자는 매년 이 명세서를 통해 자신의 보험이 얼마나 충실히 이행되고 있는지를 직접 확인할 수 있으며, 이를 바탕으로 장기적인 자산 운영 계획을 점검하고 조정해 나갈 수 있습니다. 이런 점에서 홍콩의 보험제도는 '보여 주기'가 아닌 '지켜 내기'의 철학 위에 세워진, 매우 선진적인 시스템이라고 할 수 있겠습니다.

제27장

보험료 할인도 가능한가요?

한국에서는 보장성 보험에 한해 우량체 할인이나 자동이체 할인 등 소폭의 할인 혜택이 존재하지만, 저축성 보험에는 사실상 할인 개념이 존재하지 않습니다. 그러나 홍콩은 다릅니다. 보장성, 저축성 보험 모두에서 실질적인 할인 혜택이 주어집니다. 특히 납입 기간이 짧고 초기 자금 부담이 큰 홍콩보험의 특성상, 이러한 할인 제도는 상품 선택의 중요한 기준이 됩니다.

홍콩보험은 기본 보험료 외에도 다양한 프로모션 제도를 통해 소비자의 부담을 줄여 줍니다. 대표적으로는 보험료 할인 프로모션과 선납 할인 제도, 이 두 가지가 가장 널리 활용되고 있습니다.

먼저, 보험료 할인 프로모션입니다. 일정 시기에 가입한 계약자에게 보험사가 납입 보험료의 일부를 돌려주거나, 이후 보험료에서 일정 금액을 할인해 주는 방식입니다. 예를 들어, 5만 달러를 5년 동안 납입하는 구조의 상품에 가입했다면, 2년 차 보험료 납입 시 20%인 1만 달러를 할인 받아 실제로는 4만 달러만 납입하는 방식입니다.

指定計劃 Designated Plan	保費繳付年期 Premium Payment Term	年度化保費³ Annualized Premium³	保費回贈百分比 Premium Refund Percentage
	2 年Years	< 200,000 (美元/USD)	2%
		≥ 200,000 - < 500,000 (美元/USD)	3%
		≥ 500,000 - < 1,000,000 (美元/USD)	4%
		≥ 1,000,000 (美元/USD)	5%
	5 年Years	< 50,000 (美元/USD)	18%
		≥ 50,000 - < 100,000 (美元/USD)	20%
		≥ 100,000 - < 200,000 (美元/USD)	22%
		≥ 200,000 (美元/USD)	25%

출처: G보험사 저축보험 할인 프로모션

대부분의 보험사는 2년 차 보험료에 대해 일괄 할인 혜택을 제공하지만, 최근 인기를 끌고 있는 C사 상품은 매년 보험료의 10%씩 총 5년간 할인해 주는 구조로, 매년 4만 5천 달러만 납입하면 됩니다. 특히 주목할 점은, 이 할인 혜택이 저축성 보험뿐 아니라 건강보험과 종신보험에도 폭넓게 적용된다는 사실입니다. 실질적으로 계약자가 부담하는 총 보험료를 크게 낮출 수 있는 효과적인 방식입니다.

Premium payment term	Premium discount rate
2-year	10% for the 1st policy year
5-year	10% each year for the 1st – 5th policy year

Premium payment term	Premium discount rate (applicable to all premium payment modes, i.e. "monthly / quarterly / semi-annual / annual")
5-year	8% each year for the 1st – 5th policy year
10-year	8% each year for the 1st – 10th policy year

출처: C보험사 저축보험과 종신보험 할인 프로모션

두 번째는 선납 할인입니다. 일반적으로 홍콩보험은 2년 또는 5년에 걸쳐 분납하는 구조지만, 이 보험료를 한 번에 선납하면 보험사가 이에 대한 할인 혜택을 제공합니다. 이 할인은 명확하게 보험료를 줄여 주는 방식으로 적용되며, 선납한 금액에 대해 연 4~4.8%의 고정 이자율이 적용되는 구조입니다. 이를 통해 5년 납입 기준으로 전체 보험료의 약 10~17%에 해당하는 금액을 절감할 수 있습니다. 이는 보험사가 조기에 자금을 확보함으로써 운용 효율성을 높일 수 있기 때문에 가능한 설계입니다.

Premium payment term	Current non-guaranteed prepayment interest rate on the Prepaid Amount (applicable to annual premium payment mode only)
2-year	4% p.a.
5-year	

출처: C보험사 선납할인 프로모션(우대이자 적용)

이처럼 홍콩보험의 할인 구조는 상품별, 시기별, 납입 방식별로 다채롭게 제공되며, 전략적으로 활용할 여지가 매우 큽니다. 다만, 모든 보험사와 상품에 동일하게 적용되는 것은 아니므로, 가입 전 반드시 설계사와 해당 프로모션의 적용 가능 여부를 꼼꼼히 확인하시기 바랍니다.

보험은 단순히 '얼마를 낼 것이냐'가 아니라, '어떻게 설계하느냐'에 따라 전혀 다른 결과를 만들어 냅니다. 주어진 제도와 조건을 충분히 활용해 보험료를 절감하고, 자산 효율을 극대화하는 것—그것이야말로 진정한 보험 설계의 본질입니다.

(제28장)

추가납입은 어떻게 할 수 있나요?

보험은 단지 일정 기간 동안 납입하고 가만히 두는 수동적인 금융 상품이 아닙니다. 특히 홍콩의 일부 보험 상품은, 가입 이후에도 능동적으로 자산 운용에 참여할 수 있도록 다양한 유연성을 제공합니다. 그 가운데 대표적인 기능이 바로 추가납입입니다.

추가납입은 크게 두 가지 구조로 나눌 수 있습니다. 하나는 보험료 선납을 활용하는 방식이고, 다른 하나는 중도 추가납입 방식입니다.

먼저 보험료 선납 구조는, 보험료를 미리 납입함으로써 일정한 이자 수익을 함께 기대할 수 있도록 설계되어 있습니다. 예를 들어, 홍콩의 저축성 보험은 USD 기준으로 연 4~4.8% 수준의 고정 이자를 제공하며, 이 선납 계정에서 매년 보험료가 자동으로 차감되는 구조를 갖고 있습니다. 이를 통해 가입자는 자금을 조기에 운용에 투입함과 동시에, 향후 보험료 납입 부담을 줄일 수 있는 효과도 기대할 수 있습니다.

두 번째는 중도 추가납입입니다. 이는 보험 개시 이후 수익이 본격적으로 쌓이는 시점부터 선택적으로 활용할 수 있는 방식입니다. 일정 금액(예: 미화 7,500달러 이상)을 추가로 납입하면, 보험사는 재설계서(Re-illustration)를 통해 새로운 수익 구조를 제시하게 됩니다. 다만, 이 방식은 투자형 유니버설 보험에 해당되는 구조이며, 한국에서 한때 활발히 판매되었던 변액유니버설보험과 유사합니다. 반면, 현재 한국인들이 홍콩에서 직구 방식으로 주로 가입하는 유배당 저축보험은 이러한 중도 추가 납입이 불가능한 대신, 보험료 선납을 통해 자금을 미리 넣어 두고 복리 효과를 극대화하는 전략이 가능합니다.

이처럼 추가납입 기능은 단순히 보험료를 더 내는 것을 넘어, 보험을 보다 전략적인 자산 운용 도구로 전환할 수 있는 중요한 수단입니다. 특히 홍콩 유배당보험은 수익률이 복리로 누적되는 구조이기 때문에, 자금을 언제, 어떤 방식으로 투입하느냐에 따라 전체 수익률에 미치는 영향이 상당히 큽니다.

결국 보험은 가입 당시의 설계만큼이나, 운용 중의 활용 전략이 그 가치를 좌우합니다. 매년 재무 상황에 맞추어 자금을 전략적으로 투입하고 배당 효과를 극대화할 수 있는 구조—바로 이것이 홍콩보험이 단순한 보장 상품을 넘어, 장기적인 자산 설계의 도구로서 주목받는 이유입니다.

(제29장)

상품 설계 시 주의해야 할 핵심 포인트는?

홍콩보험 상품을 설계할 때, 가장 먼저 떠올려야 할 질문은 단순한 수익률 계산이 아닙니다. "이 보험이 나의 삶에 얼마나 정교하게 맞춰져 있는가?", "가입 이후에도 이 상품은 나를 위한 금융 도구로 잘 작동할 것인가?"—이와 같은 질문에 대한 해답이 바로 설계의 핵심입니다.

홍콩 보험감독국(Insurance Authority, 이하 IA)은 2025년을 기점으로 한층 강화된 소비자 보호 지침을 통해, 보험이 단순한 판매 상품이 아니라 고객의 재정 설계 도구가 되어야 함을 명확히 하고 있습니다. 대표적인 예가 바로 GL30 지침에 따라 의무화된 '금융 수요 분석(Financial Needs Analysis)' 절차입니다. 보험사는 고객의 나이, 직업, 재무 상황, 목표 등을 충분히 분석한 뒤에야 상품을 제안할 수 있으며, 이 과정 없이 단순히 고수익을 내세우는 설계는 제도적으로 금지되고 있습니다.

또한 설계 과정에서는 반드시 '보험요약서(Policy Summary)', '중요사항설명서(Important Facts Statement)', '가입설계서(Benefit Illustration)'

가 함께 제공되어야 합니다. 특히 유배당보험의 경우, 예상 배당률뿐만 아니라 이해하기 쉬운 도표와 수치로 구성되어야 한다는 기준이 명확히 정해져 있습니다.

고객의 입장에서 또 하나 주목할 제도는 '이행률(Fulfillment Ratio)' 공시입니다. 보험사가 약속한 배당을 실제로 얼마나 지켰는지를 매년 홈페이지에 공개하도록 의무화한 이 제도는, 설계서상의 숫자가 현실에서도 지켜지고 있는지를 판단할 수 있는 중요한 기준이 됩니다. 실제로 글로벌 보험사는 최근 5년간 100% 이상의 이행률을 기록하며 높은 신뢰를 얻고 있습니다.

아울러 계약 후에도 고객은 '21일 철회기간' 내 자유롭게 계약을 철회할 수 있으며, 매년 보험사가 새롭게 설계서를 재발행해 주는 '증서 기념 명세서' 제도를 통해 보험의 진행 상황과 수익 실현 경과를 점검할 수 있습니다.

요컨대, 홍콩보험은 단지 상품 하나를 고르는 문제가 아니라, 고객의 생애 주기에 맞춰 긴 호흡으로 동행하는 금융 구조입니다. 눈에 보이는 수익률만을 좇기보다는, 설계의 정밀도와 운용의 투명성, 그리고 계약 이후의 관리 체계까지 함께 살피는 것이야말로 현명한 보험 소비자의 태도일 것입니다. 이 모든 기준을 만족시키는 설계가 이루어졌을 때, 비로소 보험은 '보장'을 넘어 '생애 설계의 도구'가 됩니다.

제30장

피해 사례는 어디에서 확인할 수 있나요?

보험에 가입한다는 것은 단순히 서류 한 장에 서명하는 행위가 아닙니다. 그것은 수십 년에 걸친 자산 설계의 핵심축을 세우는 일이자, 장기적인 재정 전략의 출발점이 됩니다. 그렇기에 잘못된 판단은 단순한 실수를 넘어, 때로는 불필요한 분쟁과 경제적 손실로 이어지기도 합니다. 그렇다면, 홍콩보험 상품에 관련된 피해 사례는 어디에서 확인할 수 있으며, 우리는 가입 전에 어떤 부분을 유의해야 할까요?

가장 먼저 주목할 기관은 홍콩의 보험 감독기구인 'Insurance Authority(IA)'입니다. IA는 보험사의 불완전 판매, 중개인의 자격 위반, 소비자 기만 행위 등에 대해 엄격한 감시를 시행하고 있으며, 위반 사례에 대한 조사와 제재 결과를 공식 홈페이지에 투명하게 공시하고 있습니다. 예를 들어, 2024년 한 중개인이 고객의 보험료를 자신의 개인 계좌로 유용한 사건이 밝혀져 벌금형과 자격 정지 처분을 받은 사례는, 감독기관의 실질적인 기능을 잘 보여 줍니다. IA는 단순한 제도 관리자에 머물지 않고, 소비자 권익 보호를 위한 경계선의 감시자 역할을 수행하고 있는 셈입니다.

두 번째로 주목할 기관은 보험 민원국(Insurance Complaints Bureau, ICB)입니다. ICB는 보험 계약 과정에서 발생한 분쟁에 대해 독립적인 중재를 제공하는 기관으로, 보험금 지급, 계약 해석, 환급금 산정 등 실생활에서 충분히 발생 가능한 문제에 대한 민원을 무료로 접수하고 있습니다. 특히, 매년 민원 통계를 바탕으로 구체적인 처리 결과와 사례들을 공개하여 소비자 스스로 유사 상황을 예방할 수 있도록 돕고 있다는 점에서 의미가 큽니다.

실제로, 2020년 ICB 연례보고서에 따르면 총 583건의 민원이 접수되었으며, 이는 최근 5년 평균인 625건에 비해 다소 낮아진 수치입니다. 특히 가장 많은 분쟁은 '보험부실모집'과 '고지의무 위반'에 집중되었고, 상품

Table 1 표一

Summary of Complaints Handled
처리 완료된 민원사항 요약

	2016	2017	2018*	2019	2020
				Total (Claim/Non-Claim) 總數（索償/非索償）	
Cases brought forward 전년도 이월건수	111	120	148 (148/0)	127 (112/15)	92 (86/6)
Cases received 신규 접수 건수	659	662	598 (535/63)	622 (455/167)	583 (444/139)
Cases handled 처리된 건수(종결/미종결 포함)	770	782	746 (683/63)	749 (567/182)	675 (530/145)
Outside Terms of Reference 민원국 권한이 아닌 건수 (예. 재판 등)	276	223	201 (157/44)	233 (120/113)	184 (95/89)
Cases closed 처리 완료된 건수(종결)	374	411	418 (414/4)	424 (361/63)	396 (349/47)
Cases carried forward 다음해 이월건수	120	148	127 (112/15)	92 (86/6)	95 (86/9)

* ICB handles non-claim related complaints starting form 16 July 2018.
投訴局於 2018 年 7 月 16 日起處理非索償相關投訴。

출처: 보험 민원국, 2020년 연례보고서

유형별로는 질병/의료보험, 여행보험, 생명/중대질병보험 순으로 민원이 많았습니다.

Table 2 表二

Nature of Complaints by Types of Policies
보험 종류별 민원 유형 (보상건)

Nature of complaints 投訴類別	Types of policies 保單類別 Fire/ 화재/가구	Hospitalization/ 입원/질병	Life/Critical 생명/중대질병	자동차	Personal Accident/ Disability 상해/장애	여행	기타	Total 總數
보상금액 (보험금 지급)	3	22	2	1	3	6	0	37
보험부실모집 (상품설명미비 등)	3	39	13	2	17	64	1	139
보험사고위반 (보험금 산정)	1	1	0	1	0	0	0	3
보험면책	7	35	4	1	0	35	0	82
고지의무위반	0	48	28	0	1	0	0	77
기타	0	5	1	1	1	2	1	11
Total 總數	14	150	48	6	22	107	2	349

출처: 보험 민원국, 2020년 연례보고서

그렇다면 우리가 자주 접하는 홍콩 저축보험 상품은 어떨까요? 놀랍게도, 저축보험 관련 민원은 단 한 건도 접수되지 않았습니다. 이 상품은 기본적으로 건강심사 없이 가입이 가능하고, 일정 금액을 정해진 기간 납입한 뒤, 이후 수익을 분배받는 단순한 구조이기 때문에, 설계 오류나 보험금 분쟁의 여지가 매우 적습니다. 말하자면, 불완전판매나 지급 거부와 같은 고질적인 분쟁에서 가장 멀리 떨어져 있는 상품군이라 할 수 있겠습니다.

이 점은 해지율 통계에서도 뚜렷이 확인됩니다. IA가 발표한 배당형 저축보험 해지율 통계에 따르면, 2013년부터 2021년까지 연평균 해지율은

1.7%에 불과했습니다. 이는 100명 중 98명이 보험을 유지하고 있다는 뜻으로, 장기적 관점에서도 이 상품이 고객들에게 신뢰를 얻고 있음을 보여주는 수치입니다.

長期保險業務
Long Term Insurance Business

表 L5　개인생명보험 해지율(2013~2017)
Table L5　Individual Life Voluntary Termination Rate

表 L5a　배당보험(일반)
Table L5a　Non-Linked Business

保險種類 Type of Insurance	전체 해지율 Overall Termination Rate					2017년 해지율 내역 Breakdown of 2017 Termination Rate					
						投保第一年 1st Policy Year		投保第二年 2nd Policy Year		投保第三年及以後 3rd Policy Year & After	
	2013	2014	2015	2016	2017	可分紅 With-Profits	不分紅 Without-Profits	可分紅 With-Profits	不分紅 Without-Profits	可分紅 With-Profits	不分紅 Without-Profits
	%	%	%	%	%	%	%	%	%	%	%
종신보험 Whole Life	2.9 2.9	2.7 2.7	2.7 2.7	2.8 2.8	2.5 2.5	2.9	11.7	4.8	4.1	1.8	3.4
저축보험 Endowment	1.6 1.6	1.6 1.6	1.5 1.5	2.3 2.3	2.0 2.0	1.8	3.4	0.8	1.2	2.2	1.4
所有保單* All Policies*	3.4	3.3	3.2	3.6	3.3	3.0	9.3	4.7	8.5	2.2	4.1

출처: 보험감독국(IA), 장기보험 해지율(2013~2017)

長期保險業務
Long Term Insurance Business

表 L5　개인생명보험 해지율(2017~2021)
Table L5　Individual Life Voluntary Termination Rate

表 L5a　배당보험(일반)
Table L5a　Non-Linked Business

保險種類 Type of Insurance	전체 해지율 Overall Termination Rate					2021년 해지율 내역 Breakdown of 2021 Termination Rate					
						投保第一年 1st Policy Year		投保第二年 2nd Policy Year		投保第三年及以後 3rd Policy Year & After	
	2017	2018	2019	2020	2021	可分紅 With-Profits	不分紅 Without-Profits	可分紅 With-Profits	不分紅 Without-Profits	可分紅 With-Profits	不分紅 Without-Profits
	%	%	%	%	%	%	%	%	%	%	%
종신보험 Whole Life	2.5 2.5	2.4 2.4	2.5 2.5	2.6 2.6	2.5 2.5	4.4	11.7	4.8	17.5	2.0	3.6
저축보험 Endowment	2.0 2.0	1.7 1.7	1.8 1.8	1.8 1.8	1.7 1.7	4.5	2.1	1.0	0.9	1.8	1.0
所有保單* All Policies*	3.3	3.3	3.1	3.4	3.4	5.0	8.4	5.2	8.8	2.1	4.7

출처: 보험감독국(IA), 장기보험 해지율(2017~2021)

결론적으로, 피해 사례를 찾아보는 것은 단순한 호기심이 아닙니다. 그것은 우리가 한발 앞서 위험을 회피하고, 더 나은 설계를 위한 사전 점검을 하는 데 꼭 필요한 과정입니다. 다행히도, 현재까지의 통계와 구조를 보면 홍콩 저축보험은 민원과 분쟁에서 가장 자유로운 영역에 속합니다. 다만, 건강보험이나 보장성 보험에 관심이 있으시다면, 가입 전 구조와 조건에 대한 충분한 이해가 선행되어야 한다는 점을 반드시 기억하셔야 합니다.

PART 4

세금과 규제 현실적으로 보기

증여, 상속, 외화자산 설계까지
연결되는 세금 관련 실전 전략

> 제31장

저축보험 인출 시 한국에서 과세되나요?

보험은 단순히 위험에 대비하는 수단이 아니라, 장기적인 재정 설계의 핵심 도구입니다. 그러나 이 과정에서 반드시 짚고 넘어가야 할 민감한 지점이 하나 있습니다. 바로 '과세'입니다. 특히 홍콩의 저축성 보험에 가입하신 분들께서 가장 자주 던지는 질문 중 하나가 바로 이것입니다. "보험금을 수령할 때, 한국에서 과세 대상이 되나요?"

이에 대한 대답은 '그렇다'입니다. 다만, 그 과세의 방식과 범위는 단순하지 않습니다. 오히려 세법의 구조와 자산 설계의 전략이 교차하는 지점에 있습니다.

우선, 한국 세법에 따르면 보험금 중 '보험차익', 즉 납입한 보험료를 초과하여 발생한 수익은 '금융소득'으로 간주됩니다. 이 금융소득이 연간 2,000만 원 이하인 경우에는 15.4%의 분리과세가 적용되며, 2,000만 원을 초과하는 경우에는 다른 이자소득, 배당소득과 합산되어 '종합소득세' 대상이 됩니다. 이는 매년 연금처럼 보험금을 수령하는 경우, 그 금액이 일정 기준을 넘어서면 국세청에 신고하고, 이에 따른 세금을 납부해야 할 수 있다는 의미입니다.

요컨대, 홍콩보험에서 수령한 보험금은 한국 내 금융소득으로 분류되어 과세 대상이 될 수 있으며, 과세 여부는 납입 금액, 수익 규모, 계약 구조, 그리고 수령자의 국내 거주 여부 등에 따라 달라집니다. 따라서 '비과세냐, 과세냐'라는 단순한 구도보다는, '어떻게 하면 내 전체 자산 포트폴리오에서 가장 효율적으로 세금을 관리할 수 있을까'라는 전략적 접근이 필요합니다.

보험은 상품이자 전략입니다. 그리고 세금은 그 전략의 마지막 퍼즐입니다. 단 한 줄의 조세 규정을 모르고 보험을 설계한다면, 오랜 시간 공들인 자산 구조가 엉뚱한 방향으로 흘러갈 수 있습니다. 반드시 전문가의 조언을 통해, 과세 이슈를 사전에 면밀히 점검하시기 바랍니다. 그래야만 보험이 비로소 '도구'가 되고, 재정 계획의 중심축이 될 수 있습니다.

제32장

해외금융계좌 신고제도란 무엇인가요?

홍콩보험에 가입하신 분들이 흔히 갖는 첫 번째 인상은 '든든함'입니다. 짧은 납입 기간, 장기 복리 구조, 안정적인 자산 증식—모든 요소가 똑똑한 금융 소비자의 선택처럼 느껴지지요. 하지만 이 유리함 뒤에는 반드시 점검해야 할 또 하나의 변수, 바로 세금이 존재합니다. 특히 해외금융계좌 신고제도는 홍콩보험 가입자라면 꼭 알고 있어야 할 세무 규정입니다.

이 제도는 대한민국의 거주자 또는 내국법인이 해외금융계좌에 5억 원을 초과하는 자산을 보유한 경우, 그 다음 해 6월 1일부터 6월 30일 사이에 반드시 신고해야 하는 의무를 규정합니다. 여기서 중요한 포인트는, '해당 연도 전체 평균'이 아니라, 단 하루라도 잔액이 5억 원을 넘긴 적이 있다면 신고 대상이 된다는 것입니다.

그렇다면 홍콩보험은 이 대상에 포함될까요? 결론부터 말씀드리면, 포함됩니다. 보험상품 역시 해외금융계좌로 분류되며, 매월 말일 종료 시점 기준으로 누적 납입금액을 합산하여 산정하게 되어 있습니다.

실제 국세청은 이렇게 명시하고 있습니다.

"보험 상품 및 이와 유사한 해외보험 상품은, 해당하는 매월 말일의 종료시각 현재의 납입금액을 기준으로 산정한다."

○ 해외금융계좌 자산별 산정방법은 아래와 같습니다.(국제조세조정에 관한 법률 시행령 §93①)

현금	해당하는 매월 말일 종료시각 현재의 잔액
상장된 주식과 그 주식을 기초로 발행한 예탁증서	해당하는 매월 말일의 종료시각 현재의 수량 × 해당하는 매월 말일의 최종가격(해당하는 매월 말일이 거래일이 아닌 경우 그 직전 거래일의 최종가격)
상장채권	
가상자산	
집합투자증권 및 이와 유사한 해외집합투자증권	해당하는 매월 말일의 종료시각 현재의 수량 × 해당하는 매월 말일의 기준가격(해당하는 매월 말일의 기준가격이 없는 경우 해당하는 매월 말일 현재의 환매가격 또는 해당하는 매월 말일 전 가장 가까운 날의 기준가격)
보험상품 및 이와 유사한 해외보험상품	**해당하는 매월 말일의 종료시각 현재의 납입금액**
위 이외의 자산	해당하는 매월 말일의 종료시각 현재의 수량 × 해당하는 매월 말일의 시가(시가산정이 곤란한 경우에는 취득가액)

출처: 2025년 알기 쉬운 해외금융계좌 신고제도

예를 들어, 5년 동안 총 10억 원을 납입하기로 한 상품에 가입하신 분이 3년 차에 6억 원을 이미 납입했다면, 해당 연도는 반드시 신고해야 합니다. 신고는 국세청 홈택스를 통해 전자 신고하거나, 필요시 세무서를 통한 서면 제출도 가능합니다.

보험은 단지 수익률만으로 판단해서는 안 됩니다. 그 이면에 있는 세금, 규제, 보고 의무까지 함께 고려하고 준비하는 것—그것이 바로 진짜 '설계'의 시작입니다.

'좋은 보험'은 단순히 돈을 불려 주는 상품이 아니라, 합법적이고 투명한 구조 위에서 오래도록 유지될 수 있는 자산 시스템입니다. 매월 납입

내역을 꼼꼼히 기록하고, 매년 6월 전후로 금융계좌 총액을 점검하는 습관을 들이신다면, 여러분의 보험은 단지 보장이나 저축을 넘어선 훌륭한 자산관리의 축이 되어 줄 것입니다.

제33장

홈택스로 해외금융계좌 신고하는 방법은?

보험은 '가입'보다 '관리'가 중요하다는 말, 들어 보셨지요? 특히 해외에 보험이나 금융계좌를 보유하고 있다면, 매년 한 번은 반드시 챙겨야 할 중요한 일정이 있습니다. 바로 해외금융계좌 신고제도입니다. 자칫 소홀히 하면 과태료는 물론 형사처벌까지 이어질 수 있기 때문에, 이 장에서는 국세청 홈택스를 통해 해외금융계좌를 어떻게 신고하는지를 차근차근 안내해 드리겠습니다.

1. 누가 신고해야 하나요?

먼저 자신이 신고 대상인지부터 확인해야 합니다. 대한민국의 거주자(혹은 내국법인)가 해당 연도 중 어느 하루라도 해외금융계좌의 잔액 합계가 5억 원을 초과했다면, 그다음 해 6월 1일부터 30일 사이에 반드시 신고해야 합니다.

중요한 포인트는 '해당 연도 중 하루라도'라는 문구입니다. 월말 기준이 아니며, 잠깐이라도 5억 원을 넘었다면 신고 대상입니다. 해외 보험계약의 경우, '매월 말일 종료 시점의 납입 누계금액'을 기준으로 계산되며, 납입 누계가 5억 원을 넘는 순간부터 신고 의무가 발생합니다.

2. 홈택스에서 신고하는 절차는?

국세청 홈택스(www.hometax.go.kr)에 접속한 뒤, 공동인증서(구 공인인증서)로 로그인합니다.

다음 그림의 순서에 따라서 진행하시면 됩니다.

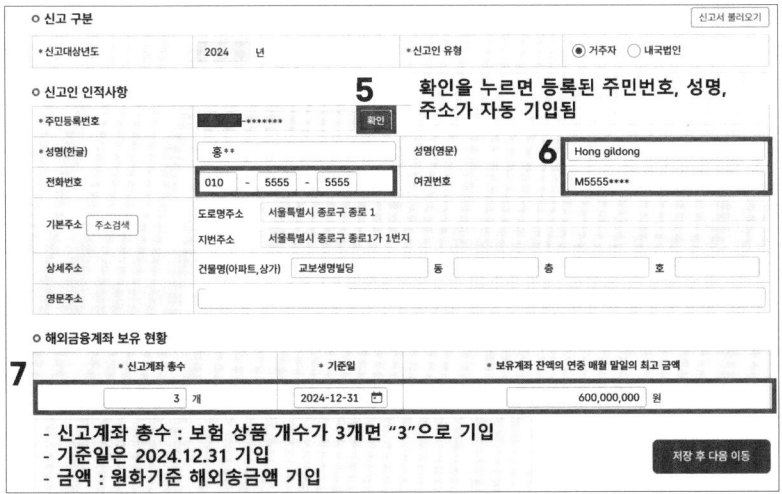

기준일은 5억 원을 초과하는 날을 기준으로 하시면 됩니다.

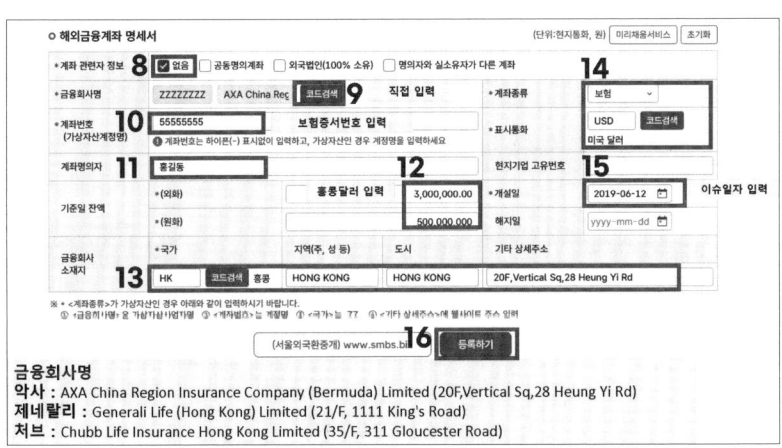

3. 신고서 작성 시 주의할 점

- 신고 기준일은 '해당 연도 중 잔액이 가장 컸던 날짜'를 선택합니다.
- 해당일의 자산가치는 반드시 원화로 환산해서 기입합니다.
- 해외 보험은 환율 기준일에 따라 환산 금액이 달라질 수 있으므로, 신고 전 해당 월의 환율 고시값을 확인해야 합니다.

작성한 정보는 반드시 저장 후 '제출' 버튼을 눌러야 신고가 완료됩니다. 접수 후에는 [신고내역 조회] 메뉴를 통해 제출 여부를 확인할 수 있습니다.

만약 여러 건의 보험, 펀드, 주식 등을 보유하고 있어 자산 계산이 복잡하거나 환산 기준이 헷갈린다면, 세무 전문가와 상담을 권합니다.

해외금융자산은 멀리 있다고 해서 관리 대상에서 빠지는 것이 아닙니다. 오히려 글로벌 자산을 가진 이들에게 요구되는 '세금 관리의 기본 소양'이기도 합니다. 세금은 불편하지만, 반드시 지켜야 할 약속입니다. 자산을 지키기 위해, 그리고 더 나은 금융 생활을 누리기 위해, 홈택스에서의 작은 클릭 하나가 그 시작점이 되어 줄 것입니다.

제34장

홍콩보험도 증여세/상속세를 내야 하나요?

　홍콩은 분명 매력적인 금융 환경을 갖춘 지역입니다. 상속세도 없고, 증여세도 없습니다. 보험사 역시 세금을 부과하지 않습니다. 이 때문에 많은 분들이 '홍콩에서 가입했으니 세금 걱정은 없겠다'고 생각하십니다. 그러나 이 믿음은 절반만 맞습니다.

　핵심은 '어디서 가입했느냐'가 아니라, '누가 계약하고, 누가 납입하며, 누가 수익을 받느냐'입니다. 그리고 이 모든 판단 기준은 한국 세법을 따릅니다.

　예를 들어 보겠습니다. 부모가 계약자이자 납입자인 홍콩보험의 수익자를 자녀로 지정해 두고, 부모가 사망하여 보험금이 자녀에게 지급되는 경우, 이는 한국 세법상 '상속'으로 간주됩니다. 마찬가지로, 보험 계약 자체를 자녀 앞으로 이전하는 경우는 '증여'로 판단될 수 있습니다. 이 경우, 한국의 거주자인 자녀는 증여세나 상속세를 납부해야 할 의무가 생깁니다.

　하지만 모든 경우에 세금이 발생하는 것은 아닙니다. 성인 자녀가 계약자이고, 피보험자는 부모, 납입 역시 자녀가 직접 하는 구조라면 이야기가 달라집니다. 이 경우 자산은 처음부터 자녀의 것으로 간주되며, 부모 사망 시 보험금이 지급되더라도 상속세가 부과되지 않습니다.

계약자 구성에 따른 과세 여부

계약자	피보험자	수익자	납입자	세금 발생 여부	적용 세목
부모	부모	자녀	부모	발생함	상속세
자녀	부모	자녀	자녀	발생하지 않음	없음

결국 중요한 것은 보험을 어떻게 활용하느냐입니다. 좋은 상품을 선택하는 것만으로는 충분하지 않습니다. 언제 증여할지, 수익자를 누구로 지정할지, 계약 구조는 어떻게 설계할지, 그리고 무엇보다 보험 가입자와 수익자가 어디에 거주하는지까지… 이 모든 요소가 세금의 유무와 크기를 좌우하는 결정적 변수입니다.

따라서, 해외 보험을 자산 설계의 수단으로 활용하고자 한다면, 반드시 전문가와 함께 전략을 세워야 합니다. 절세와 자산 이전의 타이밍, 그 정교한 설계야말로 진정한 금융의 힘입니다.

(제35장)

절세 전략으로 홍콩보험의 장점은?

 부모가 자녀에게 자산을 증여하는 일은 단순한 '이전'이 아니라, 미래를 설계하는 하나의 철학이자 전략입니다. 특히 사전 증여 후 이를 홍콩 유배당 저축보험과 같은 복리 금융 상품으로 설계할 경우, 그 효용은 단순한 절세를 넘어 자산의 세대 간 이양이라는 큰 그림을 완성해 줍니다.

 예를 들어 1세 미성년 자녀와 21세 성년 자녀에게 각각 1억 원을 증여한다고 가정해 보겠습니다. 한국 세법상 미성년자는 2천만 원, 성년자는 5천만 원의 증여공제가 주어지므로, 각각 800만 원과 500만 원의 증여세만 부담하면 됩니다. 즉, 총 1,300만 원의 세금으로 2억 원의 자산을 정식으로 자녀 앞으로 이전할 수 있게 되는 셈이지요.

자녀 구성에 따른 증여세 계산 예시

자녀 구분	공제액	과세표준	세율	증여세
1세 미성년	2,000만 원	8,000만 원	10%	800만 원
21세 성년	5,000만 원	5,000만 원	10%	500만 원

그 자금을 자녀 명의의 홍콩 유배당보험에 가입시킨다면, 이후 발생하는 수익은 모두 자녀의 고유 자산이 됩니다. 더 중요한 것은, 그 수익에 대해 추가적인 증여세나 상속세 없이 전액 인출이 가능하다는 점입니다. 복리로 불어나는 배당, 환급금 구조에 의해 장기적으로는 원금의 2~3배 이상까지도 성장할 수 있으며, 이 모든 수익이 사전에 '세금 납부를 마친 자금'에서 발생하기 때문에 자녀가 자유롭게 활용할 수 있습니다.

이러한 구조는 자산 분산의 도구로, 일반 가정에는 교육자금이나 결혼자금 마련의 전략으로 활용되며, 생전에 세금을 미리 납부함으로써 상속 갈등이나 세금 리스크를 원천 차단하는 효과도 있습니다. 사전 증여, 복리 성장, 세금 완충의 3박자가 갖춰진 구조—그것이 홍콩보험이 절세 전략으로 주목받는 이유입니다.

제36장

한국 저축보험처럼 비과세 혜택을 받을 수 있나요?

해외 보험에 가입한다는 것은 단순한 수익률 비교를 넘어, 제도와 세금의 미세한 결을 읽어 내야 하는 정교한 설계의 영역입니다. 그중에서도 많은 이들이 궁금해하는 질문이 있습니다.

"홍콩보험도 한국 저축보험처럼 비과세 혜택을 누릴 수 있을까?"

결론부터 말씀드리자면, 홍콩보험이라도 일정 요건을 충족한다면 한국 내에서 비과세 혜택을 일부 적용받을 수 있습니다. 다만, 이 혜택은 자동으로 주어지는 것이 아닙니다. 반드시 한국 세법이 정한 '비과세 요건'을 충족해야 하며, 보험의 가입 구조와 경로 또한 중요한 판단 기준이 됩니다.

우선, 현재 한국 세법에서 규정하고 있는 비과세 요건은 다음과 같습니다.

- 일시납 보험: 최초 납입일부터 만기 또는 중도해지일까지 10년 이상 유지해야 하며, 납입보험료는 1억 원 이하여야 합니다.

- 월 적립식 보험: 최소 5년 이상 납입, 10년 이상 유지, 매월 납입하는 기본보험료는 150만 원 이하, 선납 기간은 6개월 이내여야 합니다.

이 기준은 한국에서 판매되는 저축성 보험에 해당하는 조건이지만, 일정 조건을 충족한 홍콩보험에도 동일하게 적용될 수 있습니다.

특히 2024년 기획재정부 유권해석에 따르면, 해외 보험 계약이 비과세 대상으로 인정받기 위해서는 계약 체결이 비대면 통신수단(인터넷, 전화, 우편 등)을 통해 이루어져야 하며, 상품 자체는 생명보험 형태의 저축성 구조를 갖추고 있어야 합니다. 즉, 현지에서 직접 계약하거나, 국내 중개인을 통해 가입한 경우에는 비과세 대상에서 제외됩니다.

요컨대, 비과세 혜택은 보험의 국적이 아닌, 구조와 방식의 문제입니다. 홍콩보험이 한국 저축보험처럼 비과세의 혜택을 누릴 수 있느냐는 질문에는 이렇게 답할 수 있겠습니다. 가능하다. 하지만 반드시 조건을 충족해야 한다. 절세란, 우연히 주어지는 행운이 아니라 법과 제도를 정확히 해석하고 전략적으로 설계한 결과입니다. 홍콩보험을 진정한 절세 수단으로 활용하고자 한다면, 처음 설계 단계에서부터 비과세 요건을 충족하는지를 철저히 점검하고, 그 조건을 유지하는 것까지 포함해서 관리해야 할 것입니다.

> 제37장

한국 법규상
홍콩보험에 걸리는 규제는 없나요?

홍콩보험은 해외 직구의 형태로 접근할 수 있는 독특한 금융 상품입니다. 높은 수익률과 복리 구조 덕분에 눈길을 끌지만, 하나 분명히 짚고 넘어가야 할 것이 있습니다. 바로 '한국 법규와의 관계'입니다. 아무리 매력적인 수익 구조라 하더라도, 법의 테두리를 벗어나면 그 순간부터는 리스크가 수익을 덮을 수 있기 때문입니다.

먼저, 우리나라 보험업법 시행령에 따르면, 내국인이 해외 보험에 가입하는 행위는 일부 보험 종류에 한해서만 허용됩니다. 생명보험, 장기상해보험 등 일부 상품이 그 대상이며, 그 외의 보험을 가입할 경우 과태료 부과 대상이 될 수 있습니다. 즉, 허용된 상품이 아닌 다른 보험을 가입했다면, 법적 처벌까지는 아니더라도 제재를 받을 수 있는 여지가 생기는 것입니다.

두 번째로, 가입 방식 역시 엄격히 제한되어 있습니다. 현재 한국에서는 우편, 전화, 팩스, 인터넷 등을 통한 비대면 방식이나, 홍콩 현지를 방문하여 직접 가입하는 방식이 허용되고 있습니다. 그러나 국내에서 보험설계사와 직접 대면하여 계약을 체결하는 행위는 명백히 불법으로 간주될 수 있습니다. 다시 말해, 보험 가입의 방식 자체가 한국 법규의 규제 대상이라는 점을 명확히 인식해야 합니다.

세 번째로, 홍콩보험은 한국의 예금자보호 제도나 금융감독원의 민원 조정 절차가 적용되지 않습니다. 즉, 문제가 생겼을 때 국내에서 법적 보호를 기대하기 어렵다는 점도 반드시 인지하셔야 합니다. 소비자 보호 사각지대에 놓인다는 의미입니다.

또한 최근 금융당국은 블로그나 SNS 등을 통해 "연복리 6~7% 확정"과 같은 표현으로 소비자를 유인하는 사례에 대해 강력한 경고를 보낸 바 있습니다. 실제로 금감원은 역외보험 관련 소비자 경보를 여러 차례 발령하며 허위·과장 광고에 대한 주의를 당부하고 있습니다.

결국 중요한 것은, '가입할 수 있느냐'가 아니라 '정상적이고 합법적인 구조로 접근하고 있느냐'입니다. 홍콩보험은 매력적인 도구이되, 설계와 실행의 모든 과정에서 법규를 면밀히 따르는 정교함이 필요합니다.

(제38장)

유배당과 관련된 한국 법규도 있나요?

유배당보험을 이야기할 때, 우리는 종종 '복리 수익'이나 '계약자 배당' 같은 달콤한 단어들에 먼저 눈이 갑니다. 그러나 그 달콤함이 실제로 실현되려면, 그 배경에 탄탄한 제도적 기반이 있어야 합니다. 바로 그 제도적 토대를 마련해 주는 것이 한국의 관련 법규입니다. 보험의 '약속'을 실질적인 '지급'으로 이어지게 만드는 그 장치 말이지요.

한국에서는 유배당보험의 수익 구조를 법적으로 명확히 나누고 있습니다. 보험사는 유배당보험, 무배당보험, 투자손익을 각각 별도의 손익계정으로 분리해서 관리해야 합니다. 쉽게 말해, 유배당보험의 수익은 무배당보험이나 회사의 일반이익과 섞어 쓰지 못하게 하는 것입니다. 이렇게 해야만 계약자가 받아야 할 배당이 누락되지 않고, 정확하게 산출되어 지급될 수 있기 때문입니다.

더 나아가, 유배당보험의 핵심인 '배당 비율'도 법적으로 규정되어 있습니다. 이른바 9:1 구조—즉, 보험사의 이익 중 최소 90%는 계약자에게, 나머지 10% 이내만 보험사가 취할 수 있도록 설계되어 있는 것입니다. 이는 보험회사의 탐욕을 견제하고, 계약자의 권리를 제도적으로 보호하려는 장치입니다.

> 보험업법 시행규칙
> [시행 2025. 2. 18.] [총리령 제2016호, 2025. 2. 18., 일부개정]
>
> 제30조의2(배당보험계약의 이익배분기준 등) ① 보험회사는 법 제64조제2항에 따라 배당보험계약에서 발생하는 이익의 100분의 10 이하를 주주지분으로 하고, 나머지 부분을 계약자지분으로 회계처리하여야 한다. <개정 2018. 7. 25.>
> ② 법 제64조제4항에 따라 보험회사는 배당보험계약에서 발생한 손실을 같은 조 제1항에 따른 준비금(이하 이 조에서 "배당보험계약 손실보전준비금"이라 한다)으로 보전(補塡)하고 손실이 남는 경우에는 그 남은 손실을 우선 주주지분으로 보전한 후, 주주지분으로 보전한 손실을 주주지분의 결손이나 배당보험계약의 이월결손으로 회계처리할 수 있다. <개정 2018. 7. 25.>

출처: 국가법령정보센터, 보험업법 시행규칙

여기에 더해, 2023년부터 시행된 IFRS17 국제회계기준은 유배당보험의 이익 계산과 지급구조를 더욱 투명하게 만듭니다. 보험사는 계약자의 이익이 실제로 얼마나 이행되었는지를 공개해야 하고, 그에 따라 계약자 배당준비금을 충실히 적립해야 합니다. 이를 감독하기 위해, 금융당국은 보험업감독규정 제1-8조 및 제4-2조 등에서 배당 기준과 회계처리 방식까지 명문화해 놓고 있습니다. 실제로 삼성생명과 교보생명 같은 국내 대형 보험사들도, 이 새로운 회계기준에 맞춰 유배당보험의 수익률, 배당준비금, 지급구조 등을 재조정하고 있습니다. 특히 수익률이 기대보다 낮거나 금리가 급변하는 경우, 배당지급과 관련된 리스크도 커지기 때문에, 보험사의 내부 회계 통제와 이사회 차원의 배당 결정 책임도 훨씬 강화되고 있는 추세입니다.

결국, 유배당보험은 단순히 '많이 주는 보험'이 아닙니다. 얼마나 투명하게, 얼마나 정직하게 계약자에게 배당이 돌아가는지를 법과 제도가 보장해 주는 구조 아래에서만 진짜 유배당보험의 의미가 살아납니다. 다시 말해, 배당이란 '보험사가 기분 좋을 때 주는 선물'이 아니라, '계약자가 정당하게 요구할 수 있는 권리'라는 점—그것이야말로 유배당보험의 본질이며, 한국 법규가 지켜 주고 있는 약속입니다.

> 제39장

보험료를 해외로 송금해도 문제없을까요?

홍콩보험에 가입하면서 마주하게 되는 첫 실무적인 고민은 바로 "이 돈, 해외로 보내도 괜찮을까?"라는 질문입니다. 외화 송금은 곧바로 외환 규제나 과세 이슈로 이어질 수 있다는 걱정이 들기 마련이지요. 그러나 결론부터 말씀드리자면, 보험료 송금은 외국환거래법상 '신고 예외 거래'에 해당되어 별도 신고 없이 합법적으로 송금할 수 있습니다.

실제로 기획재정부 「외국환거래규정」 제7-45조는 다음과 같이 명시하고 있습니다.

"'국내의 거주자가 비거주자와 외국통화표시 보험계약을 체결하고 보험료를 지급하는 경우'에는 별도의 허가나 신고가 필요 없다."

이는 곧, '보험료 명목의 해외 송금은 금액과 관계없이 자유롭게 가능하다'는 행정 해석으로 연결됩니다. 따라서 가입자가 예컨대 5년납 10억 원짜리 저축성 보험에 가입했다고 하더라도, 매년 수억 원에 달하는 보험료 송금은 신고 대상이 아니며, 외환법 위반에도 해당하지 않습니다.

그럼에도 불구하고 몇 가지 실무상의 유의사항은 존재합니다.

- 시중은행에서는 이상 외환거래 탐지 기준에 따라 고액 송금에 대해 계약서와 생명보험협회에서 발급한 '역외보험 체결(불)가능여부 확인서'를 요구할 수 있습니다.
- 보험계약자와 송금자 이름이 다를 경우 제3자 송금으로 간주되어 송금이 거절될 수도 있습니다.

요약하면, 홍콩 보험료 송금은 원칙적으로 문제없으며, 법적으로도 명확히 허용된 거래입니다. 그러나 은행의 내부 규제나 해석, 세무 통보 이슈까지 염두에 두고 계획하는 것이 바람직합니다.

결국, 홍콩보험은 금융 설계인 동시에 외환 및 세무 설계의 일부입니다. '보험료를 납입한다'는 행위 하나도 시스템 속에서 어떻게 작동하는지 이해하고 활용하는 것—그것이야말로 고수의 자산관리입니다.

출처: 국가법령정보센터, 외국환거래규정

> 제40장

세무사 또는 전문가 없이도
진행 가능한가요?

　홍콩보험에 관심을 두는 이들이라면 한 번쯤 스스로에게 묻게 됩니다. "세무사나 전문가 없이도 내가 혼자서 이 모든 걸 진행할 수 있을까?" 결론부터 말하자면, 기본적인 절차만 놓고 보면 '가능'합니다. 그러나 실무와 리스크의 세계는, 단순한 클릭 몇 번으로 끝나지 않습니다.

　예를 들어 보겠습니다. 해외 저축성 보험은 계약 자체는 간단할 수 있습니다. 다만 문제는 그 이후입니다. 보험금 수령 시의 과세 문제, 보험료 납입 시 해외금융계좌 신고 여부, 증여나 상속 시의 세금 설계 등, 계약 한 장이 재정과 세무, 외환관리의 산가지대로 들어가는 순간이 도래합니다.

　국세청은 매년 6월, 해외금융계좌 보유자에게 신고 의무를 부여합니다. 월말 기준 누적 납입금액이 5억 원을 초과한 경우가 이에 해당되며, 미신고 시 최대 2천만 원의 과태료가 부과될 수 있습니다. 홈택스를 통해 개인이 직접 신고할 수 있지만, 이 과정은 '신고 여부를 알았는가', '계약자와 수익자가 누구인가', '해당 자산이 외화 보험인가' 등 수많은 해석의 갈

래로 나뉘게 됩니다.

또한 보험금 수령액이 원금을 초과하고 연 2천만 원을 넘는다면, 금융소득종합과세 대상이 되어 최대 49.5%의 누진세가 적용될 수도 있습니다. 그 차이는 단순한 '상품의 성능'이 아니라, '설계의 정교함'에서 비롯됩니다.

따라서 자산 규모가 크거나, 향후 증여·상속을 염두에 두고 있는 경우라면 반드시 전문가의 손길이 필요합니다. 리스크는 항상 '몰랐던 것'에서 출발하기 때문입니다. '혼자 해도 된다'는 자신감은 필요하지만, '정말 중요한 설계는 혼자 하지 말라'는 조언은 늘 유효합니다.

좋은 보험은 수익률로만 결정되지 않습니다. 설계의 뿌리부터 세무의 가지까지 정리되어야 비로소 완성되는 것입니다. 진정한 자산가란, 혼자 해낼 수 있다는 자신감과, 전문가의 조력을 기꺼이 받아들이는 겸손함을 동시에 갖춘 이입니다.

PART 5

리스크와 우려 해소

독자들이 가장 궁금해하는
불안 요소를 정확하게 짚고 해소

제41장

환차손 위험, 얼마나 클까요?

홍콩보험은 단지 수익률 높은 금융상품이 아닙니다. 그것은 곧 '외화자산'을 보유한다는 의미입니다. 그러므로 이를 이해하고 활용하기 위해선 한 가지 중요한 개념을 이해해야 합니다. 바로 '환차손'입니다.

환차손이란, 보험 수익이 아무리 좋아도 원화 대비 달러 가치가 하락했을 때 실현되는 평가 손실을 말합니다. 예를 들어 보겠습니다. 달러로 매년 10,000달러씩 수령한다고 가정해 보죠. 계약 당시 환율이 1,300원이었는데, 수령 시점에 1,100원으로 하락했다면, 원화 기준 수령액은 1,300만 원에서 1,100만 원으로 줄어드는 셈입니다. 즉, 자산은 불어났지만 실질 수익은 오히려 줄어든 것이죠.

이런 환율의 영향은 현실에서도 빈번하게 나타납니다. 최근 10년간 원·달러 환율은 1,088원에서 1,390원까지 오르내렸으며, 이는 홍콩보험의 실제 수익률을 좌우하는 결정적 변수로 작용해 왔습니다.

하지만 위험이 있다면, 해법도 있습니다. 첫째, 달러 강세기에 가입하고, 약세기에는 수령을 늦추거나 분할해 대응하는 방식입니다. 둘째, 달러를 직접 수령하여 달러 예금으로 관리하거나, 달러 자산의 사용 목적(예: 자녀 유학, 해외 거주) 자체를 고려해 환차손 자체를 없애는 '라이프 스타일 연계' 전략도 있습니다.

결국 환차손이란 '위험'이자 동시에 '기회'입니다. 환율이 유리하게 흐르면, 아무리 보수적인 상품이라도 예상보다 높은 수익률을 얻는 일도 가능합니다. 반대로 환율이 불리하게 흐르면 실망스러운 결과가 되겠지요. 그렇기에, 환율은 보험 수익률의 숨은 변수이자, 전략의 시작점이 됩니다.

홍콩보험은 단지 보험사가 운영하는 숫자 게임이 아니라, 환율이라는 글로벌 변수를 조율하는 지혜의 무대이기도 합니다. 현명한 투자자는 환차손을 두려워하기보다, 이를 기회로 바꾸는 리듬을 찾습니다. 바로 그 리듬 위에서, 자산은 조용히 성장합니다.

> 제42장

보험사가 파산하면 내 돈은 어떻게 되나요?

　보험에 가입한 후, 우리가 가장 두려워하는 순간은 보험사 자체가 무너지는 일입니다. "설마 그런 일이 벌어지겠어?"라고 생각하면서도, 그 가능성을 완전히 배제할 수는 없습니다. 하지만, 적어도 홍콩 보험시장에선 그러한 우려가 현실화된 적이 단 한 번도 없었습니다.

　홍콩의 보험산업은 무려 180년 이상의 역사를 자랑하며, 아시아 최대 규모로 성장해 왔습니다. 놀랍게도 지금까지 단 한 곳의 장기보험사도 파산한 사례가 없었습니다. 2008년 세계 금융위기 당시, 세계적인 투자은행들이 연이어 붕괴했지만, 홍콩의 보험사들은 건재했습니다. 그렇다면 그 비결은 무엇일까요?

　첫째, 철저한 규제와 감독 체계입니다. 홍콩의 보험법(Insurance Ordinance) 제41조 및 제45조에 따르면, 보험사는 법적으로 자발적 청산이 금지되어 있습니다. 쉽게 말해, 스스로 파산할 수 없다는 뜻입니다. 제46조에선 파산 위기 시, 해당 보험사는 다른 보험사에 인수되어 영업이 지속되도록 규정하고 있습니다. 최근 경영 위기에 처한 태호생명도 이 조항에 따라 인수 가능성이 큽니다.

둘째, 지급여력비율입니다. 대부분의 홍콩 보험사는 자산 대비 부채를 충족하고도 남을 정도의 준비금을 보유하고 있으며, 국제 기준(100%)을 훌쩍 넘는 200% 이상의 지급여력을 유지하고 있습니다. 이는 고객에게 약속한 보험금 지급을 충분히 이행할 수 있는 안정적인 기반이 됩니다.

셋째, 재보험 시스템의 촘촘한 활용입니다. 보험사 자체가 위기에 처하더라도, 이들은 글로벌 재보험사와의 계약을 통해 리스크를 분산하고, 고객의 권리를 다른 보험사가 인수하여 보호하는 체계를 갖추고 있습니다.

넷째, 글로벌 자본 기반입니다. 홍콩 보험사의 대부분은 다국적 기업이며, 백 년 이상의 역사를 가진 글로벌 보험사입니다. 이들의 자산은 대부분 안정적인 국채나 우량채권에 투자되어 있어 외부 충격에도 재무적으로 매우 견고합니다.

다섯째, 보험계리사의 정교한 리스크 계산입니다. 보험사들은 전문 계리사를 통해 질병 발생률, 기대수명, 금리 등 수많은 변수를 분석하여 위험을 미리 예측하고 반영합니다. 이는 단순한 상품 설계를 넘어, 수십 년 후까지 이어지는 보험 계약을 안전하게 이끌어 가는 근간이 됩니다.

여섯째, 보험산업 자체의 구조적 안정성입니다. 보험은 단지 민간 금융상품이 아닙니다. 그것은 국가 경제를 지탱하는 금융산업의 최후 방어선입니다. 정부나 감독기관 역시 보험사가 함부로 파산하지 않도록 철저히 관리하고 있으며, 실제로 시장 실패 가능성은 극히 낮습니다.

결론적으로, 홍콩 보험사에 대한 파산 걱정은 그 자체로도 지극히 드문 리스크이며, 설령 위기가 발생하더라도 그 구조적 안정성과 제도적 안전망은 고객 자산을 지키기에 충분합니다. 보험사 한 곳의 붕괴가 아니라, 체계 전체의 무너짐이 없이는 이러한 안정성은 흔들리지 않을 것입니다.

　이처럼 홍콩보험은 단순한 고수익 상품이 아니라, 제도·역사·자본·국제 안정성을 두루 갖춘 신뢰 기반의 금융 시스템입니다. 그러니 안심하고, 다만 항상 '잘 설계된 계약'을 유지하는 데에 집중하시기 바랍니다. 진짜 위험은 '몰라서'가 아니라, '제대로 알지 못하고' 시작할 때 생깁니다.

⟨ 제43장 ⟩

중간에 납입을 중단하면 무슨 일이 생기나요?

보험이라는 이름을 가진 계약은 단지 '매달 납입'이라는 기계적인 반복이 아닙니다. 그것은 한 사람의 인생 곡선을 따라가는 장기적인 약속이며, 미래를 위한 설계의 정수이자 성실함의 결정체입니다. 그러나 인생은 언제나 예측할 수 없는 굴곡을 품고 있습니다. 사업의 실패, 가족의 위기, 혹은 단순한 실수로 보험료 납입이 중단되는 순간은 누구에게나 올 수 있습니다. 그렇다면 홍콩보험은 이러한 예외적 순간에 어떻게 대응할까요?

다행히도 대부분의 홍콩보험은, 납입이 멈췄다고 해서 즉시 모든 것이 종료되는 구조는 아닙니다. 우선 '납입유예기간'이라는 안전장치가 존재합니다. 보통 30일가량의 유예기간 동안 보험사는 계약자의 상황을 기다리며 보장을 유지해 줍니다. 이 기간 안에 보험료가 납입되면, 그간의 공백은 아무 일도 없었던 것처럼 넘어가게 됩니다.

하지만 유예 기간이 지나면 보험은 '실효' 상태로 전환되고, 보장 기능이 중단됩니다. 특히 대부분의 홍콩 저축성 보험은 초기 2~3년간 사업비가 집중적으로 빠져나가는 구조이기에, 이 시점에서 납입을 멈추면 해지환급금은 극히 미미하거나 전무할 수 있습니다. 오히려 원금 손실로 이어질 가능성이 크기 때문에, 중단을 고려한다면 반드시 계약 내용을 면밀히 검토하고 전문가의 조언을 받는 것이 필수입니다.

만약 보험이 실효되었더라도 '부활'이라는 제도를 통해 계약을 다시 이어 갈 수 있습니다. 다만 이 경우에는 보험사의 승인이 다시 요구될 수 있습니다. 즉, 보험은 완전히 등을 돌리기보다는 돌아올 길을 남겨 두는 구조를 가지고 있는 셈입니다.

납입 수단도 유연하게 준비되어 있습니다. 모바일 앱을 통한 카카오뱅크, 케이뱅크 해외송금은 물론, 시중은행 창구를 통한 해외송금, 나아가 신용카드 및 체크카드 결제까지 가능합니다. 다시 말해, 다양한 수단을 활용하여 보험을 '유지하는 방향'으로 끌고 가는 것이 장기적으로 훨씬 유리한 선택입니다.

보험이란 단순히 돈을 넣고 결과를 기다리는 수동적 금융 상품이 아닙니다. 그것은 인생의 불확실성과 리스크를 정면으로 마주하고, 그 한가운데서 흔들리지 않도록 당신을 붙들어 주는 정교한 안전망입니다. 보험료 납입이 멈추는 순간에도, 그 계약은 완전히 당신을 떠나지 않습니다. 중요한 것은—그 가능성과 구조를 알고 있는가, 그리고 필요할 때 올바른 결정을 내릴 수 있는 준비가 되어 있는가 하는 것입니다.

제44장

소개인이 사기꾼일 수도 있나요?

보험을 처음 접할 때, 우리는 종종 누군가의 소개로 상품을 알게 됩니다. 믿을 만한 친구, 친척, 혹은 지인일 수도 있지요. 하지만 이 친근한 시작이, 때로는 위험의 씨앗이 되기도 합니다. 홍콩보험처럼 정보 비대칭이 크고, 외국 제도와 세금이 복잡하게 얽힌 상품일수록, 소개인의 신뢰도는 계약의 성패를 좌우합니다. 그렇다면 정말, 소개인이 사기꾼일 수도 있을까요?

2024년, 홍콩에서는 한 보험 중개인이 고객의 보험료를 자신의 개인 계좌로 유용한 사건이 공식 발표되었습니다. 홍콩 보험감독국(Insurance Authority, IA)은 이 사건에 대해 강력히 대응했고, 해당 중개인에게 벌금형과 자격 정지 처분을 내렸습니다. 이 사례는 감독기관이 단순한 '감시자'가 아니라, 실질적인 소비자 보호 기능을 수행하고 있음을 보여 주는 상징적인 장면입니다.

이와 함께, IA는 AIA, 푸르덴셜, 매뉴라이프 등을 사칭한 가짜 이메일

주소(info@prudential-hk.site 등)와 가짜 웹사이트(aiahk01.com 등)에 대한 경고를 반복적으로 발표했습니다. 소개인이 건넨 링크 하나가 피싱의 문이 될 수 있는 시대, 고객 스스로 '공식 사이트 확인' 습관을 갖는 것이 무엇보다 중요합니다.

또한 "홍콩보험은 무조건 비과세입니다", "1억 넣으면 69억 확정적으로 받는다"는 식의 자극적인 문구는 허위 또는 과장일 가능성이 높습니다. 실제로는 예상 배당률과 구조를 정확히 이해하지 않으면, 기대와는 정반대의 결과를 맞을 수도 있습니다.

결국, 소개인을 만나는 순간 가장 먼저 확인해야 할 것은 '신뢰'가 아니라 '구조'입니다. 좋은 소개인은 상품을 강요하지 않습니다. 오히려 당신이 스스로 올바른 판단을 내릴 수 있도록 정보를 해석해 주고, 구조를 설명해 주는 조력자여야 합니다. 특히 소개인이 "내가 직접 홍콩에서 보험료 입금해 줄 테니 이 계좌로 입금하세요"라고 말한다면, 반드시 거절해야 합니다. 모든 보험료는 반드시 보험사 명의의 계좌로 직접 송금해야 하며, 이를 통해 대부분의 사기를 원천 차단할 수 있습니다.

홍콩보험을 선택하는 일은 단지 누구의 말을 믿느냐의 문제가 아닙니다. 그것은 정보의 출처를 검증하고, 제도의 틀을 이해하며, 내 돈을 스스로 지키려는 태도에서 출발합니다. 그 시작은, 소개인의 '자격'이 아니라, 당신의 '깊이 있는 질문'입니다.

제45장

불완전판매는 어떻게 피할 수 있나요?

보험은 믿음 위에 세워지는 계약입니다. 특히 홍콩보험처럼 제도와 구조가 낯선 상품이라면, 그 믿음은 단단한 정보와 이해 위에 쌓여야 합니다. 그러나 현실은 종종 다릅니다. 친절과 신뢰로 포장된 말들 속에 중요한 진실이 누락된 채, 계약이 성사되는 경우가 있습니다. 이것이 바로 '불완전판매'입니다.

이를 피하는 첫걸음은 소비자 스스로 공부하는 태도입니다. 보험은 단순히 추천을 받아 가입하는 상품이 아니라, 내 자산을 맡기는 장기 프로젝트입니다. 스스로 원리와 구조를 익힐 때, 비로소 외부 정보에 흔들리지 않고 선택의 중심을 지킬 수 있습니다.

또한 반드시 기억해야 할 원칙이 있습니다. 소개인이 "대신 가입해 줄게"라며 보험료를 개인 계좌로 받는다면, 그것은 명백한 경고 신호입니다. 보험료는 반드시 보험사의 공식 계좌로 직접 송금되어야 하며, 이를 통해 소개인의 정당성도 확인할 수 있습니다.

계약 전에는 반드시 설계서와 상품 설명서를 꼼꼼히 읽어야 합니다. '예상 수익률'이 아닌 '보장 수익률'은 얼마인지, 투자 구조와 환차손 가능성은 어떤지, 모두 확인해야 합니다. "비과세니까 무조건 유리하다"는 식의 단편적 설명은 경계해야 할 대상입니다.

결국 좋은 계약은 설득이 아닌 납득을 통해 맺어집니다. 충분히 묻고, 구조를 이해하며, 서명할 수 있을 때까지 기다리십시오. 신뢰는 감정이 아닌 정보 위에 세워져야 합니다. 그것이야말로 불완전판매를 피하는 가장 지혜로운 방법입니다.

제46장

홍콩보험 소비자 보호는 누가 해 주나요?

보험은 계약 이전에 '신뢰'를 전제로 합니다. 그리고 그 신뢰는 단지 보험사와 소비자 사이에만 존재하는 것이 아닙니다. 그 중간에서 계약의 투명성을 보장하고, 소비자를 보호하는 존재가 바로 '감독기관'입니다. 그렇다면, 홍콩과 한국의 보험감독은 과연 어떤 차이가 있을까요?

한국의 금융감독원은 2009년 이후 공공기관에서 해제되었으며, 직원들도 더 이상 공무원이 아닙니다. 하지만 금융기관을 감독하고 소비자를 보호한다는 '공적 역할'은 여전히 맡고 있지요. 문제는 그 운영 구조에 있습니다. 금감원 전체 예산의 평균 약 75%는 금융기관이 부담하는 '감독분담금'으로 충당됩니다. 이는 연간 약 2,800억 원 규모입니다. 결과적으로 금감원은 자신이 감독해야 할 대상에게 운영 자금을 받고 있는 셈입니다. 이를 두고 "생선을 고양이에게 맡긴 꼴"이라는 비판도 제기됩니다. 실제로 금감원 퇴직자들이 대형 금융기관으로 재취업하는 사례도 잦고, 이는 제도의 독립성에 의문을 제기하게 만듭니다.

금감원 감독분담금 현황 ※ 2020년 기준
※ 비은행 : 여전 · 저축은행 · 상호금융 등

금감원 총예산 : 3630억 원

구분	금액(원)	비중
감독분담금	2788억	100%
은행·은행지주	1202억	43.1%
비은행	216억	7.8%
금융투자회사	570억	20.4%
보험회사	800억	28.7%

출처 : 이투데이(22.01.25)

[서울=뉴시스] 김형섭 기자 = 금융감독원이 은행, 보험, 증권 등 금융사들로부터 거둬들이는 감독분담금이 지난 5년 간 총예산의 75%를 차지하는 것으로 나타났다. 그러나 이 가운데 14%는 다 쓰지 못한 채 금융사에 돌려준 것으로 집계됐다.

금감원 운영자금 중 금융기관 분담금 비율 76.8%

감독분담금이란 금융기관을 감독 및 검사 서비스에 대한 대가

반면, 홍콩 보험감독국(IA)은 구조적으로 이와 완전히 다릅니다. 홍콩은 금융감독이 업권별로 나뉘어 있어, 보험은 보험감독국이 전담하며, 이는 정부와 보험회사로부터 독립된 법정 기구로 운영됩니다. IA는 재정적으로도 독립적입니다. 보험사는 보험료를 통해 고객으로부터 일정 비율의 '레비(levy)'를 받아 감독국에 납부합니다. 2021년 기준 IA의 운영 자금 중 약 68.4%가 이 레비로 충당되었고, 2022년에도 절반 이상(52.5%)을 차지했습니다.

Income and Expenditure Account
For the year ended 31 March 2022

INCOME		NOTE	Year ended 31 March 2022 HK$	Year ended 31 March 2021 HK$
			52.5%	**68.4%**
Prescribed levies	규정된 부과금	5	269,501,773	232,209,243
Authorization and annual fees	인가 및 연회비		117,316,475	91,679,344
Designation and annual fees	지정 및 연회비		102,901,970	
Insurers register's prescribed fees	보험사 등록 및 규정된 수수료		10,480,700	13,569,900
Interest income	이자 수입		1,021,704	1,924,374
Other income	기타 수입	6	11,444,045	500
			512,666,667	339,383,361

홍콩 보험감독국 운영자금 중 고객 보험료 부과금율 52.5%(2022년) 68.4%(2021년)

출처: 홍콩 보험감독국

레비는 보험료의 0.1%, 혹은 미화 100달러 중 낮은 금액으로 책정되어 있으며, 가입설계서에도 별도 표기됩니다. 이는 보험가입자가 자신의 권리를 보장받기 위해 직접 소액의 감독 수수료를 부담하는 구조로, 소비자 중심의 감독철학을 드러냅니다.

2. Benefit Summary Policy Currency: USD				
Benefit Description	Initial Sum Insured/ Protection Amount	Initial Annual Premium	Premium Payment Period	Benefit Term
Basic Plan	N/A	10,000.07	5 years	To age 128
- Waiver of Premium Benefit	-	-	-	5 Years
	Total Initial Annual Premium:	10,000.07		
	Premium Levy:	10.00	$10,000(연 보험료) * 0.1% = $10	
	Total Initial Annual Premium: (including Premium Levy)	10,010.07		

출처: 홍콩 A보험사, 저축보험 설계서

요컨대, 한국은 금융기관이 감독기관의 '사장님'이 되어 있는 구조라면, 홍콩은 소비자가 운영자금을 간접 부담함으로써 소비자 보호가 우선시되는 구조입니다. 결국 누가 운영자금을 내느냐는 단지 회계상의 문제가 아니라, 그 감독기관이 누구를 위해 일하는가를 가늠하는 리트머스 시험지입니다. 이 차이는 곧 홍콩보험의 낮은 민원 건수와 저축성 보험의 낮은 해지율이라는 수치로 드러납니다. 홍콩 보험감독의 핵심은 이 한 문장에 담겨 있습니다.

"감독의 독립성이란, 소비자 편에 서겠다는 강력한 의지다."

제47장

국세청 조사 대상이 될 수도 있나요?

해외 보험에 눈을 돌린 이들이라면 누구나 한 번쯤 품게 되는 질문이 있습니다.

"혹시 나도 국세청의 세무조사를 받게 되는 건 아닐까?"

가장 먼저 짚고 넘어가야 할 점은 분명합니다. 홍콩을 포함한 해외 보험에 가입하는 행위 자체는 불법이 아닙니다. 한국인이라면 누구든 가입할 수 있으며, 이는 기획재정부가 2024년 공식 보도를 통해 밝힌 내용이기도 합니다. "합법적으로 체결된 역외보험에 한해 비과세 혜택이 적용된다"는 그 발표는, 곧 한국인이 홍콩보험에 가입해도 된다는 것을 공식적으로 인정한 셈입니다. 그러나 '가입' 자체가 문제가 아니라, 그 과정이 합법적인 절차를 따랐는가, 세무 신고 의무를 제대로 이행했는가가 관건입니다.

예를 들어, 국내 보험설계사와의 대면 계약을 통해 가입했거나, 납입 누계금액이 5억 원을 초과했음에도 해외금융계좌 신고를 누락한 경우는,

국세청의 타깃이 될 수 있습니다.

  실제 사례에서도, 비과세인 줄 알고 들었던 보험이 오히려 과세 처리된 경우, 해외금융계좌 신고 누락으로 과태료 처분을 받은 사례가 드물지 않게 보고되고 있습니다. 국세청은 이러한 역외 보험을 이용한 자산 도피와 탈세를 상시 모니터링하고 있으며, 조사는 무작위가 아니라 '정황이 뚜렷한 경우'에 집중적으로 이뤄집니다.

  결국, 홍콩보험의 진정한 가치는 고수익이 아니라, 정교한 구조 설계와 철저한 사전 신고에 있습니다. 전문가와 함께 계약 방식, 세무 요건, 납입 구조를 촘촘히 설계할 때에만 그 혜택이 온전히 내 것이 됩니다.

  "설계가 곧 안전장치다."

  이 장에서 우리가 꼭 기억해야 할 문장입니다.

(제48장)

외환관리법에 위반될 수 있나요?

"매년 해외로 보험료를 송금하는데, 혹시 외환관리법 위반이 되는 건 아닐까?"

언뜻 들으면 걱정이 앞설 수 있지만, 결론부터 말하자면, 걱정하지 않으셔도 됩니다.

한국은 1996년 OECD에 가입하면서 자본거래에 대한 규제를 점차 완화했고, 보험료 납입을 위한 해외 송금은 완전한 합법 행위로 자리 잡았습니다. 오늘날 보험료 명목의 해외 송금은 사전 신고도, 금액 제한도 없는 '신고 예외 거래'로 분류되어 있습니다. 즉, 얼마든지, 자유롭게 송금할 수 있다는 뜻입니다.

하지만 그 자유에는 전제가 따릅니다. 바로, '목적이 명확하고, 절차가 정당해야 한다'는 것입니다. 송금 대상이 반드시 실제 계약이 존재하는 보험사 계좌여야 하며, 지인의 개인 계좌나 중개인의 사설 계좌로 보내는 것은 명백한 법 위반입니다. 이때 송금 시에는 'Premium', '보험료' 등으로 송금 목적을 정확히 기재하는 것이 좋습니다. 이는 향후 세무나 외환 심사 시 중요한 근거 자료가 되기 때문입니다.

한편, 출국 시 현금을 휴대할 경우는 또 다른 규제가 적용됩니다. 1인당 미화 1만 달러를 초과해 휴대하고 나갈 경우, 반드시 세관에 신고해야 하며, 이를 위반할 경우 외환관리법에 따라 처벌받을 수 있습니다. 하지만 이는 단순한 현금 반출에 관한 규정일 뿐, 보험료 명목의 정상적인 외화 송금과는 전혀 다른 사안입니다.

홍콩보험 가입을 위해 해외로 송금하는 돈은, 그 자체로 제도적 보호 아래에 있는 행위입니다. 다시 말해, 보험은 단지 금융 상품이 아니라, 국가 간 외환 시스템 속에서 '합법적으로 허용된 금융 활동'인 것입니다.

따라서 두려워하지 마십시오. 합법적 계약, 명확한 송금, 그리고 기록의 투명성. 이 세 가지가 지켜진다면, 외환관리법은 당신의 적이 아니라, 오히려 당신의 금융 활동을 지켜 주는 보호 장치가 되어 줄 것입니다.

(제49장)

보험금 수령 시 해외 계좌 문제는 없나요?

홍콩보험을 포함한 해외 보험의 만기가 도래하거나 중도 인출을 통해 보험금을 수령하는 시점이 되면, "내 돈, 한국 시중은행 계좌로 받아도 괜찮을까?"라는 의문이 떠오를 수 있습니다. 결론부터 말씀드리자면, 그 자체로는 아무런 문제가 없습니다. 다만, 금융기관과의 커뮤니케이션 방식과 세무 상식에 약간의 '지식 무장'이 필요합니다.

우선, 여러분이 한국 시중은행 계좌로 보험금을 수령하게 되면, 해당 은행은 외화(USD)를 수취하게 됩니다. 그러면 통상적으로 은행 측에서는 고객에게 전화를 걸어 "해외에서 외화 송금이 들어왔습니다. 어떤 명목의 자금입니까?"라고 문의합니다. 이때, "몇 년 전에 홍콩 보험에 납입한 원금의 일부를 돌려받는 것"이라고 답변하시면 됩니다. 이는 명백히 '보험금 환급'이며, 자산의 일부 회수이므로 세금 신고 의무가 없습니다.

그렇다면 언제부터 신고 의무가 생길까요? 바로 '원금을 초과한 부분'부터입니다. 홍콩보험에서 발생한 수익, 즉 납입원금 대비 초과한 차익이 연간 2,000만 원을 넘으면 금융소득 종합과세 대상이 되며, 이를 홈택스를 통해 신고해야 할 수 있습니다.

덧붙이자면, 보험금 수령이 외화로 이루어지며 누적 잔액이 5억 원을 초과할 경우, 해외금융계좌 신고 의무가 발생할 수 있습니다. 하지만 이는 수령 시점의 잔액 기준이며, 송금 자체가 불법이라는 의미는 아닙니다.

결국, 보험금의 국내 수령은 '불법'이나 '과세 회피'의 대상이 아니라, 투명한 절차만 따른다면 안전하고 문제없는 금융 활동입니다. 중요한 건, 그 흐름을 알고 준비하는 것이지요.

보험은 '가입'만큼이나 '인출'도 중요합니다. 계약 당시의 설계가 수년 후 내 손에 정확히 돌아올 수 있도록, 그 마지막 절차까지도 현명하게 마무리하길 바랍니다.

제50장

보험 가입할 때 고려해야 할 사항은?

홍콩보험은 말 그대로 머나먼 외국에서 가입하는 상품이다 보니, 불안감을 느끼는 분들도 적지 않습니다. 언어의 장벽, 제도적 차이 등 익숙하지 않은 요소들이 부담으로 다가오기도 하지요. 그래서 많은 분들이 가입을 망설이곤 합니다. 이 장에서는 그런 고민들 중에서도 특히 자주 제기되는 여섯 가지 핵심 걱정거리들을 정리해 보았습니다. 과연 그 걱정들은 실제로 타당한 것일까요, 아니면 막연한 불안일 뿐일까요? 하나씩 짚어 보겠습니다.

1. 해외보험이라 불안하지 않나요?

단지 해외에 있다는 이유만으로 불안해할 필요는 없습니다. 좋은 상품은 국경을 넘습니다. 국내에 6~7% 복리로 배당하는 저축성 보험이 없으니, 수많은 한국인들이 홍콩으로 발길을 옮긴 것도 이 때문입니다. 좋은 보험을 찾는 일에 국적은 중요하지 않습니다.

2. 영어를 못해도 괜찮을까요?

요즘 직구는 영어를 잘 몰라도 충분히 가능합니다. 홍콩보험도 마찬가지입니다. 구조가 단순한 저축성 상품이 많고, 크롬이나 익스플로러 같은 브라우저에 내장된 번역기능만으로도 대부분의 내용을 이해할 수 있습니다. 실제로 수많은 소비자들이 해외직구로 보험에 가입해 문제없이 운영하고 있습니다.

3. 100년 된 은행도 망하는데 보험사는 안전할까요?

은행과 보험은 구조가 다릅니다. 은행은 단기 예금을 받아 장기 대출을 하기 때문에 '뱅크런'에 취약하지만, 보험은 정기적으로 납입받는 구조이고 대량 인출의 위험도 적습니다. 그래서 보험사는 금융위기에도 버텨 냅니다. 실제로 홍콩의 주요 보험사들은 100년 이상 건재해 있으며, 글로벌 분산투자와 철저한 지급여력 관리를 통해 리스크를 분산하고 있습니다.

4. 목돈이 없으면 가입이 어렵나요?

무조건 아닙니다. 목돈을 일시에 송금하지 않아도 되는 방법이 있습니다. 예를 들어 롯데카드의 '나누기 결제' 같은 기능을 통해 6개월 무이자 할부도 가능합니다. 또한 기존 국내 보험을 정리해 자금을 확보하는 경우도 많습니다.

5. 홍콩이 중국에 완전히 넘어갔는데 괜찮을까요?

홍콩 보험사들이 운영하는 자금은 전 세계에 분산투자 됩니다. 자산이 중국에만 묶여 있는 것이 아니므로 정치적 리스크로부터 비교적 자유롭습니다. 금융이라는 시스템은 본질적으로 탈국경적이며, 국가의 의지 하나로 쉽게 건드릴 수 있는 구조가 아닙니다.

6. 정말 약속한 대로 지급되나요?

이 질문이 가장 중요하겠죠. 홍콩보험은 명확한 설계서를 기준으로 계약이 이루어지며, 대형 보험사 위주로 가입하면 지금까지 지급 사고는 거의 보고되지 않았습니다. 배당 실적이 수십 년간 쌓여 있고, 소비자들은 이를 일상적으로 수령하며 신뢰를 쌓아 왔습니다. 명품은 이유 없이 명품이 아닙니다. 에르메스나 샤넬이 브랜드로 존속해 온 것처럼, 100년 넘게 살아남은 보험사는 그 자체로 실력과 신뢰의 상징입니다.

요컨대, 해외보험이라고 해서 특별히 더 어렵거나 불안한 것은 아닙니다. 다만, 좋은 명품을 고르듯 신중하게 비교하고, 오랫동안 검증된 회사를 선택하는 안목이 필요합니다. 믿을 수 있는 구조, 안정적인 배당 실적, 그리고 무엇보다 소비자의 질문을 진심으로 대답해 줄 수 있는 조언자가 함께 한다면, 홍콩보험은 글로벌 자산 포트폴리오의 든든한 축이 되어 줄 것입니다.

PART 6

실전 활용 전략과 사례

———

홍콩보험이 삶 속에서 어떻게 쓰이는지
현실적인 예시로 알아보기

제51장

자녀 교육자금 준비에 적합한가요?

　세상에서 가장 위대한 투자, 그것은 바로 아이의 미래에 대한 준비입니다. 지금 이 순간도 수많은 부모들이 머릿속으로 계산기를 두드리고 있습니다. "과연 내 수입으로 아이의 대학까지 책임질 수 있을까?"라는 질문은 단지 경제적 부담이 아니라, 부모로서의 책임감과 사랑의 깊이를 다시 묻는 고민이기도 합니다.

　올해 서른의 유진 씨(가명)는 얼마 전 첫아이를 품에 안았습니다. 감동의 순간도 잠시, 집으로 돌아온 그녀는 우편함에 꽂힌 출산 축하금 안내문과 영유아 건강보험 팸플릿을 보며 곧장 휴대폰을 열어 검색창에 입력합니다. "아이 키우는 데 돈 얼마나 들까?" 현실은 빠르게 그녀의 눈앞에 펼쳐졌습니다. 통계청과 교육부에 따르면, 대한민국에서 자녀 한 명을 대학까지 졸업시키는 데 드는 평균 교육비는 1억 2천만 원을 넘고, 사교육까지 포함하면 2억 원 이상이라는 사실이 그녀를 놀라게 했죠.

　그래서 유진 씨는 결심합니다. 아이가 다섯 살이 되기 전까지 매년

1,400만 원씩 저축해 총 7,000만 원을 마련하겠다고. 하지만 곧 고민이 시작됩니다. 이 자금을 어디에 맡기는 것이 좋을까? 은행 적금일까, 아니면 홍콩 저축성 보험일까?

그녀는 두 가지 시나리오를 비교해 보기로 합니다. 첫 번째는 연 3% 단리 은행 적금. 5년 동안 7,000만 원을 모은 뒤, 10년간 불려서 고등학교 1학년부터 대학 졸업까지 7년 동안 매년 약 1,528만 원을 인출하는 방식입니다. 총 인출액은 약 1억 700만 원. 안정적인 수익이지만, 눈에 띄는 차익은 아닙니다.

1USD : KRW 1,400

교육자금 인출플랜	한국 은행 3% 단리	홍콩 저축보험 6~7% 복리
고등1년	1,528만원	1,400만원 (1만불)
고등2년	1,528만원	1,400만원 (1만불)
고등3년	1,528만원	1,400만원 (1만불)
대학1년	1,528만원	2,100만원 (1.5만불)
대학2년	1,528만원	2,100만원 (1.5만불)
대학3년	1,528만원	2,100만원 (1.5만불)
대학4년	1,528만원	2,100만원 (1.5만불)
졸업선물	0	3,000만원 (21,417불)
합계	1억 700만원	**1억 5,600만원**
수익률	153%	**248%**

한국 vs 홍콩 교육자금 비교

두 번째는 홍콩 저축성 보험입니다. 연 6~7% 복리로 굴러가는 구조에, 첫 5년간은 보험사 프로모션을 활용해 매년 1,260만 원씩만 납입해도 됩니다. 총 납입액은 6,300만 원으로 은행보다 오히려 700만 원이 적습니다. 하지만 고등학교 3년간 1,400만 원씩, 대학 4년간은 2,100만 원씩 인출이 가능하며, 졸업 시에는 3,000만 원까지 받을 수 있습니다. 총 인출액은 무려 1억 5,600만 원, 수익률은 248%에 달합니다. 이뿐 아니라 달러 자산이라는 점에서 환율 상승에 따른 환차익도 기대할 수 있습니다.

물론 홍콩보험이라고 해서 무조건 정답은 아닙니다. 환차손 위험, 중간 해지 시 불이익, 보험사 선택의 중요성 등 신중히 따져야 할 변수들도 분명 존재합니다. 그러나 교육비를 단순한 지출이 아닌 '자산 설계'의 문제로 접근하고자 한다면, 분명 들여다볼 만한 선택지입니다.

무엇보다 유진 씨가 홍콩보험을 선택한 이유는 숫자 때문만이 아닙니다. 그녀는 말합니다.

"내가 조금 더 공부하고, 조금 더 준비해서, 이 아이에게는 선택지를 하나 더 줄 수 있을 것 같았어요."

이 한 문장이 곧 이 장의 핵심입니다. 아이에게 더 많은 선택지를 남기고 싶은 부모라면, 오늘 이 책의 페이지가 단순한 정보가 아닌 작은 용기의 씨앗이 되기를 바랍니다.

> 제52장

유학자금도 마련할 수 있나요?

"저도 아버지처럼 되고 싶습니다."

그가 처음 제게 건넨 말이었습니다. 32살, 한국의 대기업에 근무 중인 그는 매일같이 글로벌 파트너와 영어로 회의하고, 해외 출장길에 오르는 삶을 살고 있습니다. 하지만 그 삶의 밑바닥에는 '유학'이라는 결정적 전환점이 있었습니다. "평범한 집안이었지만, 부모님 덕분에 캐나다 대학에 갈 수 있었어요. 그 경험이 제 인생을 완전히 바꿔 놓았죠."

이제 그는 한 아이의 아버지가 되었습니다. 두 살배기 아들이 사과를 '빠까'라 부르며 세상과 인사할 무렵, 문득 이런 생각이 들었다고 합니다.

"내가 받았던 기회를, 이 아이에게도 줄 수 있을까?"

그의 고민은 막연한 희망에서 시작됐지만, 곧 구체적인 숫자로 이어졌습니다. "유학에 드는 돈은 얼마나 될까?" 미국 대학 학비와 생활비를 포함해 1년에 5천만 원 이상, 4년이면 2억 원이 훌쩍 넘는 금액이었습니다. 고작 두 살, 아직 15년이나 남았지만 그는 알았습니다. 준비는 지금 시작해야 한다는 것.

처음엔 은행 적금을 떠올렸습니다. 하지만 시중 금리는 3% 안팎, 환차손을 방어할 방법도 없습니다. "이대로는 안 되겠다." 그는 결국 외화 기반의 저축성 상품, 그중에서도 홍콩 저축보험을 선택지에 올려놓습니다.

그가 선택한 상품은 연 5,600만 원 납입이 기본이었지만, 보험사의 프로모션을 활용해 연 5,040만 원씩 5년, 총 2억 5,200만 원을 납입하면 되는 조건이었습니다. 그리고 자녀가 18세가 되는 해부터, 4년간 매년 11만 3,500달러(한화 약 1억 5,800만 원)를 인출할 수 있으며, 22년 차에는 추가로 약 2,700만 원 상당의 인출도 가능했습니다.

유학자금 인출플랜	홍콩 저축보험 6~7% 복리	삼성생명 저축보험
대학1년	1억 5,890만원 (113,500불)	9,500만원
대학2년	1억 5,890만원 (113,500불)	9,500만원
대학3년	1억 5,890만원 (113,500불)	9,500만원
대학4년	1억 5,890만원 (113,500불)	9,500만원
졸업선물	2,740만원 (19,563불)	0
합계	6억 6,300만원	3억 8,000만원
수익률	263%	137%

1USD : KRW 1,400

한국 vs 홍콩 유학자금 비교

총 인출 예상 금액은 6억 6천만 원 이상. 납입한 금액의 2.6배에 달하는 결과입니다.

반면, 국내 보험사 저축형 상품과 비교해 보니 결과는 확연히 달랐습니다. 예를 들어 삼성생명의 상품은 총 2억 8천만 원을 넣고, 20년 후 받을 수 있는 환급금은 약 3억 8천만 원. 즉, 더 많이 납입하고도, 더 적게 받게 되는 구조였던 셈입니다. 그리고 결정적인 차이. 국내 보험은 원화 기반이라 환율 상승에 따른 환차익을 기대할 수 없지만, 홍콩보험은 달러 기반이라는 점에서 외화 자산을 자연스럽게 보유할 수 있게 됩니다.

그는 이렇게 정리했습니다.

"한국 보험보다 훨씬 유리하다는 건 수치로 증명됐고, 무엇보다도 '기회가 왔을 때 준비되어 있는 아빠'가 되고 싶었어요." 그가 선택한 길은 단순히 돈을 불리는 방법이 아니었습니다. 그것은 자녀의 기회를 예비하는 준비, 자신의 책임을 설계로 바꾸는 과정이었습니다.

오늘 이 장을 읽는 당신이, 같은 고민을 하고 있다면 기억하십시오. 자녀의 유학자금은 단순한 저축이 아니라, 기회에 대한 선제적 투자입니다. 그리고 그 기회의 문은, 언제나 준비된 부모의 손에 달려 있습니다.

> 제53장

노후자금 마련, 홍콩보험으로 가능할까요?

"연금은 오래 살아야 본전을 뽑는다."

이 말은 한국의 연금 상품을 보면 금세 이해가 됩니다. 요즘 한국에서 인기를 끌고 있는 연금 상품들의 핵심은 '6~7% 최저보증이율'입니다. 그러나 자세히 들여다보면, 그 수치는 단리 기준이며, 가입 시점과 유지 기간에 따라 실제 보증이율이 달라집니다. 예컨대 한국 D사는 30세에 가입해야 7% 보증을 받을 수 있고, H사는 40세 이전에 가입해야 7%가 적용됩니다. 또 K사는 10년까지는 6%, 그 이후는 5% 보증으로 떨어집니다. 게다가 복리가 아닌 단리 방식이기에, 복리의 눈덩이처럼 커지는 자산 증식 효과는 기대하기 어렵습니다.

그렇다면, 같은 금액을 같은 기간 동안 저축했을 때, 홍콩보험은 얼마나 다른 결과를 보여 줄까요?

우선 가정 조건을 통일해 보겠습니다. 월 100만 원씩 5년, 총 6,000만 원을 납입하고, 65세부터 연금을 개시한다고 가정합니다. 한국 D사 기준으로, 30세에 가입하면 연금기준금액은 약 2억 원, 여기에 지급율 4.6%를 적용하면 매년 약 900만 원, 월 75만 원 정도를 평생 받게 됩니다. 40세 가입자는 연 712만 원, 50세는 연 484만 원으로 떨어지죠.

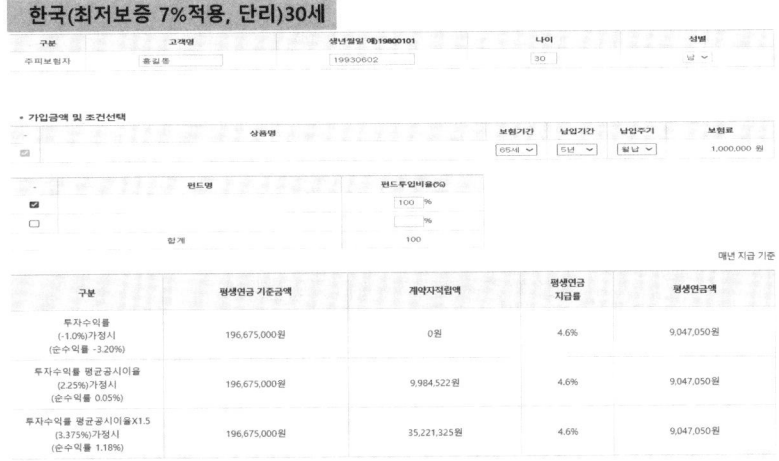

출처: 한국 D사, 7% 단리 가입 예시

이제 홍콩보험의 결과를 보겠습니다. 홍콩은 기본적으로 6~7% 복리 운용이며, 수익은 보증과 비보증 파트로 나뉘지만, 실제 지급 이행률은 상당히 높은 편입니다. 최근 10년간은 설계서 대비 100% 수준, 1990년 ~2010년까지 약 20년 동안은 비보증 수익의 80~90%를 지급한 것으로 알려져 있습니다.

30세에 연 1만 달러(한화 약 1,200만 원)를 5년간 납입하면, 65세부터는 매년 23,688달러, 한화 기준으로 월 약 237만 원을 수령할 수 있습니다. 40세는 월 119만 원, 50세는 월 60만 원입니다.

홍콩(6~7% 복리) 30세					
경과년수 End of Policy Year	납입보험료 Total Premiums Paid	인출금액 Cash Withdrawal Amount	해지환급금		
			Guaranteed Guaranteed Cash Value	Non-Guaranteed Terminal Dividend	Total
1	10,000	0	0	0	0
2	20,000	0	0	0	0
3	30,000	0	3,839	0	3,839
4	40,000	0	7,179	0	7,179
5	50,000	0	9,812	29,000	38,812
6	50,000	0	12,666	30,000	42,666
7	50,000	0	15,716	31,500	47,216
8	50,000	0	18,947	33,500	52,447
9	50,000	0	22,343	35,000	57,343
10	50,000	0	25,894	36,500	62,394
31	50,000	0	50,000	224,500	274,500
32	50,000	0	50,000	242,000	292,000
33	50,000	0	50,000	260,500	310,500
34	50,000	0	50,000	280,500	330,500
35	46,630	23,688	46,630	281,182	327,812
36	43,464	23,688	43,464	281,644	325,108
37	40,488	23,688	40,488	281,795	322,282
38	37,691	23,688	37,691	281,552	319,243
39	35,065	23,688	35,065	281,220	316,285
40	32,597	23,688	32,597	280,337	312,935
56	10,611	23,688	10,611	330,543	341,155
57	9,927	23,688	9,927	333,749	343,677
58	9,292	23,688	9,292	337,202	346,494
59	8,702	23,688	8,702	340,957	349,659
60	8,155	23,688	8,155	345,054	353,210

출처: 홍콩 G사, 7% 복리 가입설계서

즉, 같은 6천만 원을 넣어도 한국은 월 75만 원, 홍콩은 월 237만 원. 연금 수령액만 보면 약 3배 차이입니다.

65세부터 90세까지 수령한다고 가정하면, 한국은 총 약 2억 2,600만 원, 홍콩은 7억 1,100만 원 이상을 수령합니다. 한국은 단리 보증, 홍콩은 복리 배당이라는 구조 차이가 낳는 결과입니다.

기준: 매월 100만원 * 5년납, 총 6천만원 납입 $1 = ₩1,200

	한국 무배당 연금 (최저보증 7% 단리)				홍콩 유배당 연금 (6~7% 복리)			
가입 나이	매월 연금액	수령금액 (65세~90세)	해지환급 (90세)	원금대비 수익률	매월 연금액	수령금액 (65세~90세)①	해지환급 (90세)②	총 수령금액 ① + ②	원금대비 수익률
30세	75만원	2억2,600만원	0원	3.8배	237만원	7억1,100만원	4억2,400만원 ($353,210)	11억3,500만원	19배
40세	59만원	1억7,800만원	0원	3배	119만원	3억5,700만원	2억800만원 ($173,613)	5억6,500만원	9배
50세	40만원	1억2,100만원	0원	2배	60만원	1억7,900만원	1억원 ($83,868)	2억7,900만원	4.7배
비고	한국은 무조건 오래 살아야 이득, 나이 상관 없이 죽을 때까지 수령 가능				가령, 90세에 자녀(피보험자)로 변경 가능, 자녀 100세기준 계속해서 연금 수령가능				

한국 vs 홍콩 연금 비교

또한, 사망 후 잔여 자산에도 큰 차이가 있습니다. 한국 연금은 사망 시 해지환급금이 거의 없습니다. 반면, 홍콩보험은 배당이 계속 누적되기에 사망 시에도 잔여 자산이 남아 자녀에게 상속이 가능합니다. 물론 한국 세법상 증여세나 상속세는 발생하지만, 그럼에도 불구하고 유리한 구조입니다.

게다가 홍콩연금은 중도 인출이 가능합니다. 연금개시 후 급전이 필요할 때, 일부 인출하고 남은 금액으로 연금을 계속 받을 수 있어 유동성이 훨씬 뛰어납니다. 한국 연금처럼 '해지 외엔 답이 없다'는 상황은 발생하지 않습니다.

마지막으로, 피보험자 변경의 유연성도 주목할 만합니다. 홍콩보험은 계약자의 사망 후 자녀로 피보험자를 변경해 연금 수령을 이어 갈 수 있습니다. 홍콩에는 증여세와 상속세가 없기 때문입니다. 다만 한국 국적자의 경우, 자녀가 연금을 받게 되면 한국 세법에 따라 증여세 또는 상속세가 부과될 수 있습니다. 그럼에도 불구하고, 실제 수령액과 유연성을 고려하면 여전히 '이득'인 구조입니다.

정리하자면,

① 수령 금액의 차이: 홍콩은 복리 운용으로 수익률이 훨씬 높습니다.
② 가족에게 연금 승계 가능: 자녀에게 자연스럽게 유산처럼 이어질 수 있습니다.
③ 유동성 확보: 중도 인출이 가능하여 급전이 필요할 때도 대응력이 있습니다.

연금은 단순한 저축이 아닙니다. 그것은 '내가 늙었을 때의 삶'을 설계하는 지금의 결단입니다.

그 선택이 단리일지, 복리일지. 마른 밭에 물을 주는 방식일지, 매년 비옥해지는 토양을 고르는 일일지. 당신은 지금, 그 방향을 정하고 있는 것입니다.

> 제54장

상속자금으로 어떻게 활용하나요?

"그냥 물려주면 자산의 절반이 세금으로 날아갑니다. 하지만 살아 있는 동안 모든 걸 넘기자니, 내 손을 완전히 떠난다는 사실이 두렵죠."

자산가라면 누구나 한 번쯤 맞닥뜨리는 이 딜레마.

70세 병원 원장님 역시 같은 고민을 안고 상담을 요청하셨습니다. 평생 환자를 위해 헌신하며 모은 자산은 약 100억 원. 그 소중한 자산을 자녀에게 물려주고 싶지만, 단순히 '증여하라', '상속하라'는 식의 일방적인 조언은 마음을 놓이게 하지 못합니다. 이 원장님이 진짜로 원한 것은, 세금은 줄이되 통제는 지키는 것, 그리고 자녀에게 기회를 안전하게 넘기는 것이었습니다.

그분이 선택한 방법은 바로 '홍콩보험을 활용한 단계적 자산이전'입니다.

1단계: 자녀 명의로 일부 증여, 보험 가입

먼저 전체 자산의 약 20%, 즉 20억 원을 자녀 두 명에게 각각 10억 원씩 증여합니다. 이 자금으로 자녀 명의의 홍콩 저축성 생명보험에 가입합니다.
이 단계의 핵심은 명확합니다.

- 증여세는 이 시점 한 번만 납부하면 끝입니다.
- 자녀 명의의 보험이기 때문에, 수십 년 후 보험금 인출 시 별도의 세금 없이 활용이 가능합니다.

미리 세금을 낸 자산이기 때문에, 자녀 입장에서는 달러 기반의 자산을 얻는 셈입니다.

2단계: 나머지 자산은 본인 명의로 유지하며 보험에 넣는다

80억 원이라는 큰 금액은 여전히 본인 명의로 홍콩보험에 가입합니다. 계약자도, 피보험자도 모두 본인입니다. 그 말은 곧, 자산에 대한 운용권과 통제권을 계속 본인이 가진다는 뜻입니다.
원장님은 이렇게 말씀하셨습니다.
"내가 지금은 건강하지만, 몇 년 후엔 어떨지 모르고, 자녀들이 아직 경제적으로 자립하지 못했는데 전부 넘기는 건 너무 이릅니다."

3단계: 미래의 적절한 시점에 계약자·피보험자 변경

홍콩보험은 언젠가 계약자와 피보험자를 자녀로 변경할 수 있습니다. 그 시점은 본인의 건강이 나빠졌을 때일 수도 있고, 자녀가 충분히 성장했을 때일 수도 있습니다. 이때는 보험의 해지환급금 기준으로 증여세가 책정되므로, 현금을 바로 주는 것보다 세금이 훨씬 적게 나옵니다.

이 전략은 단지 '절세' 이상의 가치를 지닙니다.

- 첫째, 통제력의 유지.
  - 보험 계약자이자 피보험자로 남아 있음으로써, 자산을 언제, 어떻게, 누구에게 넘길지 본인이 스스로 결정할 수 있습니다.
- 둘째, 세금 분산 효과.
  - 한 번에 전부 넘기는 대신 시차를 두고 이전함으로써 증여세 누진 세율을 피하고, 상속세 부담도 줄일 수 있습니다.
- 셋째, 달러 자산을 통한 자산 분산.
  - 홍콩보험은 달러로 운용되므로 환율 리스크를 자연스럽게 헷지하고, 원화 자산에만 집중된 포트폴리오를 균형 있게 재설계할 수 있습니다.
- 넷째, 분쟁 예방.
  - 보험은 수익자가 명확하게 지정되기 때문에, 상속 이후 형제간 갈등이나 유산 분쟁을 줄일 수 있습니다.
  - 부동산이나 현금보다도 오히려 훨씬 명확하고, 정리된 자산 이전이 가능합니다.

상속이란 단순히 '얼마를 남기느냐'의 문제가 아닙니다. 언제, 어떻게, 누구에게, 어떤 방식으로 넘기느냐가 훨씬 더 중요합니다. 자산을 무조건 오래 갖고 있는다고 유리한 것도 아니고, 지금 전부 넘기는 것이 현명한 것도 아닙니다. 홍콩보험은 그 사이를 메워 주는, 아주 유연하고 전략적인 도구입니다. 지금 자산을 슬기롭게 이전하고 싶은 부모라면, 지금이 바로 그 구조를 설계할 시점입니다.

> 제55장

홍콩보험으로 노후파산을 막을 수 있는 방법이 있을까요?

"40억 원으로 120년간 상금을 지급해 온 조직이 있다면, 당신은 믿을 수 있겠습니까?"

그 조직은 바로 우리가 잘 아는 노벨재단입니다. 1895년, 알프레드 노벨은 당시 돈으로 3,100만 스웨덴 크로나—오늘날 환산가치로 약 40억 원을 유산으로 남겼습니다. 그리고 그 자금은 지금까지도 해마다 수상자에게 약 10억 원의 상금을 지급하고 있습니다. 자그마치 120년 동안 단 한 번도 끊기지 않았습니다. 그 비결은 무엇이었을까요?

한국일보의 "40억원 유산으로 120년간 상금 지급 중" … 노벨재단의 '꾸준한' 재테크 비결이라는 기사에 따르면, 바로 원금을 보전하면서도, 이자 수익으로만 상금을 지급하는 복리 자산 구조입니다. 노벨재단은 이 자산을 예치금으로 두지 않았습니다. 절반 이상은 주식, 나머지는 채권과 대체투자 등으로 분산하며 운용했습니다. 매년 이자 수익의 67.5%만을 상금으로 사용하고, 나머지는 재단 내에서 자산 증식에 재투자합니다. 이로 인해 기금의 실질가치는 시간이 지날수록 오히려 더 늘어났고, 상금 또한 유지되거나 증액될 수 있었습니다. 이 놀라운 이야기는 단순히 노벨상 이야기로 끝나지 않습니다.

우리의 노후자금 이야기이기도 합니다.

우리는 흔히 "연금은 오래 살아야 본전"이라는 말을 듣습니다. 적립된 자금을 정해진 수령 기간에 나눠 받는 구조이기 때문입니다. 그러나 만약, 원금을 건드리지 않고, 이자 수익만으로도 충분한 노후소득이 가능하다면? 그 구조를 만들 수 있는 대표적인 방법이 바로 홍콩 저축보험입니다.

예를 들어, 30세에 매년 1,200만 원씩 5년만 납입한 뒤, 65세부터 연금 수령을 시작하는 경우를 생각해 봅시다. 이때 기대할 수 있는 연금은 매월 약 230만 원, 년 2,800만 원가량. 총 납입한 원금은 6,000만 원에 불과하지만, 총 수령액은 6억 원을 훌쩍 넘길 수 있습니다.

왜일까요? 이 상품은 연 6~7% 수준의 복리 수익률로 운용되기 때문입니다. 단순히 이율이 높은 게 아니라, 이자에 이자가 붙는 구조가 수십 년간 반복되며 눈덩이처럼 불어납니다. 한국의 일부 연금 상품 역시 '최저 7% 확정금리'라는 문구를 내걸지만, 대부분 단리입니다. 복리와 단리의 차이는 단기간엔 작아 보일 수 있지만, 30년이 지나면 자산의 크기가 수배 차이로 벌어집니다.

더 나아가, 홍콩보험은 피보험자 변경 기능을 통해 자녀에게로 연금 수령권을 이전할 수도 있습니다. 단순한 연금이 아니라, 가문이 대를 이어 사용할 수 있는 자산 구조로도 활용이 가능합니다.

이제 우리는 질문을 바꿔야 합니다.

"노후에 연금을 어떻게 받을까?"가 아니라 "내 자산이 나 없이도 일하도록 만들 수 있을까?"

 그 해답은 노벨재단이 이미 120년 전부터 증명해 오고 있습니다. 적은 자본이라도, 확실한 복리 설계와 분산된 글로벌 자산 구조를 갖춘다면, 우리의 노후는 결코 파산으로 끝나지 않을 것입니다.

제56장

실제 의사가 가입한 사례가 있나요?

"처음엔 단순한 저축이었습니다. 하지만 시간이 지나며, 저는 보험을 '설계'라는 관점으로 다시 바라보게 됐습니다."

이 말은 서울 소재의 40대 내과 개원의가 전한 이야기입니다. 이미 2020년에, 그는 홍콩 저축보험에 첫발을 디뎠고, 최근 다시 한 번 추가 가입을 결정했습니다. 그 이유를 묻자, 그는 이렇게 말했습니다. "한국 경제는 예측 불가능한 흐름을 보일 때가 많습니다. 특히 정책의 일관성이 부족한 점은 자산가 입장에서 매우 큰 리스크죠. 그래서 저는 장기적으로 '환율을 이기는 자산', 곧 달러 자산이 필요하다고 느꼈습니다. 아이에게도, 저 자신에게도요."

그의 결정에는 단순한 수익률 계산을 넘어선, 깊은 고민이 있었습니다. 특히 그는 '자산의 이전과 승계'를 진지하게 고려하고 있었습니다.

"홍콩보험의 가장 큰 장점은 '통제력 있는 이전'이 가능하다는 점입니다. 계약자와 피보험자를 나중에 바꿀 수 있고, 해지환급금 기준으로 증여세를 낼 수 있으니까요. 나중에 자녀가 준비되었을 때 천천히 넘길 수 있다는 점이 매우 인상적이었어요."

이번에 그가 선택한 상품은 과거에 가입했던 것과 유사한 저축성 보험입니다. 그는 이미 해당 상품이 4년간 일관된 성과를 보여 준 점, 그리고 본인의 장기 재무 설계와 잘 맞아떨어진다는 점에서 큰 확신을 가졌다고 합니다.

"새로운 상품을 탐색하기보다는, 이미 효과를 입증한 구조에 더 투자하는 것이 저에겐 안정적이었습니다."

가입 과정에 대한 만족도도 높았습니다. 특히 보험 가입 시 통역을 담당한 보험전문가인 '준사부'의 지원에 깊은 감사를 표했습니다.

"홍콩은 언어 장벽이 클 수밖에 없습니다. 하지만 준사부님의 전문 통역 덕분에 궁금했던 점들을 막힘없이 물을 수 있었고, 가입 준비부터 최종 절차까지 전혀 막힘이 없었어요. 덕분에 스트레스 없이 결정할 수 있었습니다." 마지막으로 그는 홍콩이라는 도시 자체에 대한 신뢰를 언급했습니다.

"홍콩은 세계적인 금융 중심지입니다. 단순한 보험 가입 그 이상의 의미가 있다고 생각해요. 앞으로 아이가 이 자산을 마주할 때, 자연스럽게 글로벌 금융 감각을 익히게 될 거라고 믿습니다. 그게 결국 아이의 시야를 넓히고, 스스로의 재정 인생을 설계할 수 있는 기반이 되겠죠."

이처럼, 단순히 '해외 보험 가입자'라는 말로는 담아내기 어려운 그 선택의 배경에는 '장기적 재정 설계', '자녀 교육', '세금 구조 이해', 그리고 '국제적 감각의 함양'이라는 치밀한 고려가 있었습니다.

> 제57장

80대 노부부가 직접 방문해 가입한 사례는?

"어머니, 저랑 함께 홍콩에 한번 가 보실래요?"

아들의 이 한마디가, 한 가족의 노후 설계를 새롭게 열어 가는 계기가 되었습니다.

경기도 안양에 거주하는 여든을 넘긴 부모님은 처음에는 아들의 권유에도 선뜻 마음을 내지 못하셨습니다. '해외보험'이라는 생소함과 인터넷을 통한 단편적인 정보, 주변의 부정적인 시선까지 겹쳐 불안감이 컸기 때문입니다.

그러나 아드님은 포기하지 않으셨습니다. 국내에는 없는 복리 구조와 높은 배당률, 피보험자 무제한 변경이라는 강점들을 공부하며 스스로 확신을 가지게 되셨고, 결국 부모님을 설득하셨습니다.

"해외보험은 시간과의 싸움입니다. 하루라도 빨리 가입하는 것이, 나중에 받을 연금액에 큰 차이를 만들어 냅니다."

이 말처럼, 가족 세 분은 직접 홍콩 현지 보험사를 방문하셨고, 보험사

직원의 설명을 들은 후에는 모든 불안이 안도감으로 바뀌었습니다.

어머님은 말씀하셨습니다. "처음엔 걱정이 컸지만, 직접 와서 설명을 들으니 한국에 있을 때보다 훨씬 마음이 놓였습니다."

보험 가입은 단지 금융 선택이 아닙니다. 가족의 신뢰와 미래에 대한 준비가 담긴, 아주 현실적인 결정입니다. 해외보험이 낯설게 느껴지신다면, 직접 경험해 보시는 것도 방법입니다. 그 과정 속에서, 스스로의 판단과 확신이 더욱 단단해지실 것입니다.

제58장

준사부 장인어른이 손자 선물로 준비한 실제 사례는?

"지금이라도 손자를 위해 무언가 남겨 주고 싶었습니다."

이 말씀을 꺼내신 분은 올해 일흔을 넘기신 장인어른이셨습니다. 평생을 가족을 위해 살아오신 분께서, 손자를 위한 선물을 고민하시다 선택하신 것은 다름 아닌 이탈리아 보험회사의 저축형 보험이었습니다.

이 보험은 매년 10만 달러씩 단 2년만 납입하면 되는 구조로, 짧은 납입기간이 심리적으로 큰 부담을 덜어 주었습니다. 특히 3년 차에 원금 회복이 가능하다는 점은 고령의 가입자에게 안정감을 주었지요. 장인어른께서는 "다소 늦은 감이 있지만, 손자가 결혼하거나 급히 자금이 필요할 때 쓸 수 있도록 마련해 주고 싶었습니다"라고 말씀하셨습니다.

이전에 주식과 펀드에 투자하셨지만, 대부분 손실을 입으셨다고 합니다. 그래서 안정적인 상품을 찾던 중 홍콩보험에 대해 알게 되셨고, "펀드가 좋다 해서 가입했는데 손해만 봤습니다. 그런데 보험은 당시 계약 조건대로 환급해 줘서 믿음이 생겼습니다"라고 덧붙이셨습니다. 실제로 20

년 전 가입하신 보험을 해지하셨을 때, 보험사는 약속대로 해지환급금의 92%를 돌려주었다고 합니다. 이 경험이 다시 보험을 선택하게 된 중요한 이유였습니다.

또한 보험의 가장 큰 장점 중 하나로 '계약자 변경이 가능하다'는 점을 꼽으셨습니다. 갑작스러운 상황이나 변수에도 대비할 수 있다는 점이 장기적인 재산 관리에 유리하다고 판단하신 것입니다.

마지막으로 한국 소비자들에게 이런 조언도 해 주셨습니다. "홍콩보험에 대해 아직 잘 알지 못하고 불안해하시는 분들이 많다고 들었습니다. 그런데 직접 와서 들어 보면 생각이 달라집니다. 결국 보험이란 건 약속이고, 약속대로 지급되는 구조만 잘 이해하면 걱정할 게 없습니다."

이처럼 손자를 위한 진심이 담긴 보험 가입은 단순한 금융 선택을 넘어, 세대를 잇는 사랑의 형태였습니다. 장인어른의 선택이 손자의 미래에 든든한 받침대가 되기를 바랍니다.

(제59장)

홍콩 거리엔
보험 호객꾼이 많다던데 사실인가요?

홍콩보험에 관심을 갖기 시작하신 분들이라면 한 번쯤 들어 보셨을 이야기일 것입니다. "홍콩 거리에 보험 호객꾼이 많다더라." 과연 이 말은 사실일까요?

실제로 홍콩 구룡반도의 하버시티 건물 앞, 즉 침사추이의 명품 쇼핑 거리 일대—루이비통, 샤넬, 에르메스 등이 즐비한 그 1km 남짓한 길목에서 주말이면 10명, 많을 때는 20명 이상의 보험 호객꾼을 어렵지 않게 마주치게 됩니다. 그들은 대부분 손에 건강보험, 저축보험 상품을 알리는 팻말을 들고 서 있으며, 지나가는 사람들에게 간단한 안내나 설명을 시도합니다.

이들이 외치는 말은 대개 단순하고 명확합니다. "홍콩 저축보험, 복리 6% 이상", "건강검진 포함된 암보험, 자녀교육자금 설계 가능합니다." 강요나 집요한 접근은 보기 드물지만, 관광객 입장에서는 다소 이색적으로 느껴질 수 있는 풍경이기도 합니다.

이 거리 풍경은 묘하게도 홍콩 금융의 한 단면을 보여 줍니다. 명품 매장에 들어간 아내를 기다리는 남편은 보험 호객인의 설명을 듣고, 자녀는 보험사 내 유아 놀이방에서 시간을 보내는 모습—이제는 그리 낯설지 않은 풍경이 되었습니다. 어느새 홍콩보험은 관광과 소비, 그리고 자산관리라는 키워드와 함께 일상적으로 접하게 되는 금융 상품이 된 셈입니다. 하지만 한 가지 꼭 유의하셔야 할 점이 있습니다. 거리에서 호객 행위를 하는 이들 중 일부는 정식 자격이 없는 경우도 있을 수 있습니다. 홍콩에서의 정식 보험 가입은 반드시 보험사 본사나 공식 등록 중개인을 통해서만 가능합니다.

결론적으로 말씀드리면, 거리에서 만나는 보험 호객꾼은 홍콩 금융 문화의 일부로 받아들이되, 실제 가입은 반드시 검증된 경로를 통해 진행하시는 것이 안전하고 현명한 선택입니다.

출처: 준사부가 촬영한 홍콩 침사추이 명품 거리

출처: 준사부가 촬영한 보험사 내 유아 놀이방

> 제60장

보험금 인출은 어떻게 하나요?

"보험금을 어떻게 인출할 수 있을까?"

특히 배당형 저축보험은 인출까지 일정 기간이 필요하다 보니, 실제 인출 과정을 경험한 사람의 이야기를 접하기란 쉽지 않습니다.

저는 2019년 8월 15일, 홍콩의 배당형 저축보험에 가입했습니다. 가입한 지 만 5년이 지났고, 원금 회복까지는 아직 3년이 남아 있는 시점이지만, 워낙 많은 분들께서 인출 과정에 대해 질문을 주셔서, 실제로 한번 인출을 시도해 보았습니다. 결과는 생각보다 훨씬 간단했습니다.

이 회사의 보험금 인출 신청은 크게 네 가지 방법으로 가능합니다. 우편, 팩스, 이메일, 고객센터 방문. 이 중 한국에 계신 분들께 가장 현실적인 방식은 이메일 신청일 것입니다. 저 역시 이 방법을 선택했고, 절차는 다음과 같았습니다.

먼저 준비해야 할 서류는 총 네 가지입니다.

- 인출신청서
- 전신송금요청서
- 영문 계좌개설확인서
- 여권 사본

인출신청서에는 보험 증서번호와 계약자, 피보험자 이름을 적고, 인출하고자 하는 금액을 입력합니다. 저는 시험 삼아 100달러만 신청해 보았습니다. 중간 페이지에는 '해외송금으로 받겠다'는 항목에 체크하고, 마지막 페이지에 서명과 날짜, 제출 서류 항목에 표시하면 인출신청서 작성은 끝납니다.

SIGNATURE 簽署	
I/WE ACKNOWLEDGE AND CONFIRM that I/We have carefully read this form and understood the Important Notes. 本人／我們確認本人／我們已詳細閱讀本表格並明白重要事項。	
Signature of Owner* 持有人簽署*	Date (dd/mm/yyyy) 日期（日／月／年）
서명	01/01/2024

*Please ensure the signature matches with the one provided in the policy file. 簽名式樣須與保單上的記錄相符。

FINANCIAL CONSULTANT'S DETAILS 理財顧問資料

Name 姓名		Code 編號		Contact Number 聯絡號碼	

DOCUMENT CHECKLIST 所需文件指引

Type of service request 服務申請類別	Documents Required (Please ✓ against the documents you submitted) 所需文件 (請 ✓ 您已提交的文件)
Application of policy value withdrawal/transfer/Application for policy loan 提取／調動保單價值申請／保單借貸申請	☑ Copy of the Owner's identification proof (if not provided before) 持有人身份證明文件副本 (若之前未曾提交) ☑ Bank account proof (e.g. bank book, copy of debit card / EPS) which shows account holder name and account number (if select autopay or telegraphic transfer as payment instruction) 銀行帳戶證明 (例如銀行存摺、提款卡副本)，而該證明須列有銀行帳戶持有人姓名及銀行帳號 (如選用自動轉帳或電匯為付款指示) ☑ Telegraphic Transfer Request Letter (if select telegraphic transfer as payment instruction) 電匯申請書 (如選用電匯為付款指示) ☐ Important Facts Statement – Policy Replacement (if applicable) 重要資料聲明書 – 轉保 (如適用)

두 번째 서류인 전신송금요청서는 간단합니다. 수취인 계좌번호, 은행명, 은행 주소, SWIFT 코드만 기입하면 됩니다. 영문 계좌개설확인서는 보통 국내 시중은행 홈페이지나 모바일 앱에서 손쉽게 발급받을 수 있고, 여권 사본은 본인 확인용입니다.

이렇게 준비된 네 가지 서류를 스캔해 이메일로 보험사에 송부하면 접수는 완료됩니다. 이후 약 5~10영업일 이내에 입력한 계좌로 달러가 입금되며, 송금이 완료되었다는 알림 메일도 함께 도착합니다.

많은 분들이 건강보험 청구처럼 복잡한 서류 작업을 떠올리시곤 하지만, 홍콩 배당보험의 인출 과정은 훨씬 간소합니다. 한 번만 신청을 해 보면 이후에는 반복해서 어렵지 않게 처리하실 수 있습니다.

다만 한 가지 유의하셔야 할 점이 있습니다. 보험사마다 인출 절차와 양식, 요구 서류가 조금씩 다릅니다. 어떤 회사는 고객센터 방문, 우편으로 접수를 받고, 또 어떤 회사는 전용 어플리케이션을 통해 인출 신청을 받기도 합니다. 최근에는 모바일 앱을 통한 신청 기능이 점점 확대되는 추세입니다. 앞으로는 대부분의 보험금 청구가 앱에서 간편하게 처리되는 시대가 열릴 것으로 보입니다. 그러므로 인출을 준비하시는 분들은 반드시 자신이 가입한 보험사의 최신 청구 방법을 사전에 숙지하셔야 하며, 필요시 전문가나 고객센터를 통해 안내받으시는 것이 안전합니다.

보험은 가입 자체보다도 실제로 자산을 꺼내 쓰는 경험에서 신뢰가 생깁니다. 인출 과정을 직접 경험해 보면, 그동안 불확실했던 부분들이 사라지고, "정말 준비 잘했다"는 안도감이 찾아옵니다.

홍콩보험은 단순한 저축 수단이 아닙니다. 필요한 순간, 나와 가족을 위해 꺼내 쓸 수 있는 현금화 가능한 글로벌 자산입니다. 그 가능성을 직접 경험해 보시길 바랍니다.

PART 7

실전 Q&A

실제 가입자들이
가장 궁금해하는 절차와 관리법

제61장

가입절차와 필요한 서류는?

해외 보험에 관심을 가지기 시작한 분들이 가장 먼저 마주하는 장벽은 바로 '절차'입니다. 과연 어떻게 시작해야 할까? 어떤 서류를 준비해야 할까? 실제로 많은 분들이 이 첫 관문에서 막막함을 느끼곤 합니다. 하지만 막상 하나씩 들여다보면, 생각보다 복잡하지 않습니다. 오히려 체계적이고 예측 가능한 프로세스 안에서 정돈된 방식으로 진행된다는 것이 홍콩보험의 큰 특징이기도 합니다.

홍콩보험의 가입 절차는 크게 네 단계로 나뉩니다.

첫째, 설계 단계. 가입자는 자신의 재정 목표, 투자 기간, 기대 수익률, 그리고 리스크 수용 정도에 따라 적합한 상품을 선택하게 됩니다. 이 과정에서 '가입설계서'가 작성되며, 예상 납입액과 환급액, 수익률 등이 구체적으로 안내됩니다.

둘째, 청약서 작성 및 고지. 가입자는 본인의 인적사항, 직장 정보, 연간 소득, 지출, 보유 자산 등의 정보를 성실히 기입해야 합니다. 이 단계는 국제 자금세탁방지 규정(AML)에 따라 매우 중요하게 다뤄집니다.

셋째, 보험료 납입 및 계약 체결. 모든 서류가 이상 없이 제출되면, 지정된 보험사 계좌로 첫 연도 보험료를 송금합니다. 일반적으로 보험사는 입금 확인 후 보험증서를 발행하며, 이로써 계약이 정식으로 성립됩니다.

마지막은 청약철회 기간입니다. 보통 계약일로부터 21일 이내에는 무조건 환급이 가능하므로, 이 기간을 활용해 계약의 적합성을 최종 점검할 수 있습니다.

이 절차는 한국이든 홍콩이든 동일하게 적용됩니다. 단지 한국에서는 우편이나 인터넷을 통해 진행할 수 있고, 홍콩에서는 직접 보험사나 판매사(IFA)에 방문하여 가입이 가능합니다.

이제 서류를 살펴보겠습니다.

첫째, 여권 사본. 본인 확인을 위한 기본 서류입니다.

둘째, 영문 주소지 확인서. 한국인의 경우 영문 주민등록등본을 제출하며, 타국 국적자는 영문 명세서(카드, 수도, 전기, 은행 등)로 주소를 증빙할 수 있습니다.

셋째, 가입자의 개인정보 및 직장 관련 서류. 이는 재정 상황 및 자금 출처 확인을 위한 필수 정보로 활용됩니다.

결론적으로, 홍콩보험의 가입은 외견상 복잡해 보일 수 있지만, 실제로는 정교하고 일관된 체계를 갖추고 있습니다. 무엇보다 중요한 것은 '정확한 서류 준비'와 '성실한 고지'입니다. 처음이라면 전문가의 도움을 받아 절차를 차근차근 따라가는 것도 좋은 전략입니다. 보험은 단지 상품이 아니라, 당신의 자산을 설계하는 도구입니다. 시작이 꼼꼼하면, 결과는 훨씬 더 든든할 것입니다.

제62장

해외 이민자에게 도움이 되나요?

　이민을 결심한 순간부터, 우리의 삶은 단지 국경을 넘는 것이 아닌, 새로운 제도와 환경 속에서 삶을 다시 설계하는 여정이 됩니다. 그 과정에서 많은 이민자들은 고민에 빠집니다. "내 자산은 어디에, 어떻게 두는 것이 좋을까?", "한국과는 다른 세법, 통화, 금융제도 속에서 자산을 어떻게 지켜야 할까?" 바로 이 질문에 답할 수 있는 수단 중 하나가, 홍콩 저축보험입니다.

　첫째, 홍콩보험은 외화 기반 자산 형성에 유리합니다. 대부분의 상품이 미국 달러로 운영되기 때문에, 이민 이후 원화의 환율 변동에 영향을 받지 않고 자산을 보존할 수 있습니다. 예를 들어, 미국, 캐나다, 호주, 유럽 등으로 이주한 분들이 자국 통화로 자산을 유지할 수 있는 방법을 찾기 어렵다면, 홍콩의 달러 보험은 자연스러운 대안이 됩니다.

　둘째, 세금 문제를 피해 갈 수 있는 구조입니다. 홍콩은 이미 오래전 상속세와 증여세를 폐지했습니다. 한국의 경우, 해외 재산에도 동일하게 과세가 되지만, 자산 이전 시점이나 구조에 따라 절세 전략이 가능하다는 점에서, 이민 후 자산 승계나 증여 계획을 고민하는 분들께 특히 매력적입니다. 예컨대, 이민 직후 일정 자금을 자녀 명의로 홍콩보험에 이전해 두면, 향후 그 자산은 자연스럽게 자녀에게 넘어가며 추가 세금 부담 없이 운용될 수 있습니다.

셋째, 피보험자 변경 기능은 유연한 자산 이전의 열쇠가 됩니다. 해외에 거주 중인 부모가 보험의 계약자이자 피보험자인 경우, 언제든지 자녀로 명의를 변경해 자산을 이전할 수 있고, 이때 보험 계약 구조를 유지하면서 자산 흐름을 통제할 수 있다는 점에서, 이민자에게는 매우 큰 장점이 됩니다.

마지막으로, 가입 및 유지의 편의성도 빼놓을 수 없습니다. 대부분의 보험사가 이메일, 우편, 전화 등을 통한 비대면 신청을 지원하고 있어, 굳이 홍콩을 방문하지 않고도 설계 및 가입이 가능합니다. 또한 글로벌 고객 응대 시스템도 점차 확대되고 있어, 해외 생활 중에도 불편함 없이 계약을 유지할 수 있습니다.

요약하자면, 홍콩 저축성 보험은 이민자들에게 외화 자산의 안정성, 절세의 유연성, 자산 승계의 계획성을 함께 제공하는 도구입니다. 새로운 나라에서 삶을 시작하면서도, 자산은 더 넓은 세계에서 굴러갈 수 있도록 설계하고 싶다면, 홍콩보험은 한 번쯤 진지하게 검토해 볼 만한 대안이 될 수 있습니다.

제63장

자녀 명의로 가입하면 유리한가요?

해외 저축성 보험, 특히 홍콩보험에 관심을 가지기 시작한 부모님들이 가장 먼저 묻는 질문이 있습니다. "자녀 이름으로 가입해도 되나요?"

이에 대한 대답은 단순히 '가능하다'를 넘어서, '매우 전략적인 선택이 될 수 있다'입니다.

첫째, 자녀가 어릴수록 복리의 힘이 커집니다.

같은 보험상품에 5세 아이와 35세 성인이 가입할 경우, 동일한 금액을 납입하더라도 최종 수령액은 크게 차이 납니다. 복리는 시간과의 싸움이며, 어린 자녀 명의로 일찍 시작할수록 그 혜택은 커지게 마련입니다.

둘째, 자녀 명의 가입은 사전 증여 전략이 될 수 있습니다.

부모가 보험료를 납입하고 자녀를 수익자 또는 피보험자로 지정할 경우, 이는 국세청 기준 '사전 증여'로 간주될 수 있습니다. 하지만 증여 시기를 분산하고 자녀 수를 활용하면, 증여세 누진세율을 피하면서 자산을 계획적으로 이전할 수 있습니다.

셋째, 보험은 자산 승계 구조를 단순화합니다.

부동산처럼 명의이전, 상속 절차, 유류분 청구 갈등 등이 발생하지 않고, 수익자 지정과 계약자 변경만으로도 유연하게 자산이 이전됩니다. 특히 홍콩보험은 계약자·피보험자·수익자의 분리와 변경이 자유롭기 때문에, 자녀가 성인이 되었을 때 스스로의 자산 설계권도 함께 넘겨줄 수 있습니다.

넷째, 글로벌 시대의 달러 자산으로서 강력한 무기입니다.

자녀가 훗날 유학이나 해외 커리어를 준비할 경우, 달러 기반의 자산은 매우 실용적입니다. 원화가치의 변동에도 영향을 받지 않으며, 국제적 자산으로 유연하게 활용될 수 있습니다.

다만, 주의할 점도 있습니다. 보험료를 부모가 대신 납입하는 경우, 국세청에서는 '편법 증여'로 판단할 수 있습니다. 반드시 전문가의 조언을 받아 사전 설계 구조와 증여 한도, 계약자 설계 등을 면밀히 준비하는 것이 필요합니다.

결론적으로, 자녀 명의로의 보험 가입은 단순한 '명의 변경'이 아닙니다. 이는 복리 혜택, 절세 전략, 자산 승계, 글로벌 자산 확보를 아우르는 복합적 설계의 시작입니다.

지금의 작은 결정이, 자녀의 20년 후 인생의 방향을 바꿀 수 있습니다. 부모로서 이보다 더 든든한 선물이 있을까요?

> 제64장

계약서에 반드시 확인할 내용은?

보험은 믿음으로 시작되지만, 문서로 완결됩니다. 특히 해외 저축성 보험을 처음 접하시는 분들께 가장 중요하게 강조드리고 싶은 것이 바로 '계약서'입니다. 보험 계약서는 단지 종이 몇 장이 아니라, 향후 수십 년간 내 자산을 어떻게 불릴지, 언제 어떻게 인출할 수 있을지, 자녀에게 어떻게 물려줄지를 규정하는, 하나의 설계도이자 약속문입니다. 이 장에서는 그 설계도를 해독하는 여덟 가지 핵심 포인트를 짚어 드리겠습니다.

첫째, 증서 세부사항.

계약자와 피보험자의 이름, 증서번호, 보장기간, 보험료, 그리고 계약 일자가 담긴 부분입니다. 이 항목은 보험의 기본 정보로, 만에 하나라도 오기나 누락이 있을 경우, 보험금 지급이나 해지 과정에서 분쟁의 소지가 될 수 있습니다.

둘째, 용어 정의.

보험계약서에는 일반적인 단어도 '보험용어'로 새롭게 정의되어 사용됩니다. '배당', '해지환급금', '보험연도' 같은 용어는 각 사의 계약마다 다소 차이가 있기 때문에, 계약서 내 정의 항목을 꼼꼼히 읽고 이해하는 것이 중요합니다.

셋째, 보장 조항.

가입한 보험이 실제 어떤 상황에서 얼마를 보장해 주는지를 명확히 밝힌 항목입니다. 저축성 보험이라면, 이 항목을 통해 배당구조, 인출 가능 시점, 예상 수익률 등을 확인할 수 있습니다.

넷째, 계약 조건.

계약자의 의무사항, 납입 지연 시 불이익, 청약철회 기간 등의 정보가 담깁니다. 가입자의 '권리'뿐 아니라 '책임'도 명시된 부분입니다.

다섯째, 배당수익률 및 예상수익률.

특히 유배당 상품의 경우, 과거 10년치 실적을 바탕으로 실제 배당이 설계서대로 지급되었는지 확인할 수 있습니다. 홍콩 보험사들은 GN16 또는 GL16 기준에 따라 이행률을 공시하도록 되어 있으니 반드시 확인하세요.

여섯째, 변경 및 해지 조항.

피보험자ㅏ 게야자 변경이 가능한지, 해지 시 환급금은 어떻게 계산되는지, 이 부분은 향후 자녀 승계나 목돈 인출 때 결정적인 역할을 합니다. 일부 보험은 자녀 명의로의 전환이 유리할 수 있기 때문에 이 항목은 유연성 여부를 판단하는 기준이 됩니다.

일곱째, 분쟁해결 조항.

계약서의 준거법이 무엇인지, 관할은 어디인지, 분쟁 시 중재인지 소송

인지 등도 매우 중요합니다. 예를 들어, 홍콩법이 적용되면서 관할이 홍콩일 경우, 한국에서 해결하기 어렵다는 점도 유념해야 합니다.

홍콩의 저축성 보험은 구조가 매우 단순합니다. 마치 은행 예금처럼, 가입금액과 납입기간만 정하면 이후에는 돈이 필요할 때 자유롭게 인출하면 됩니다. 복잡한 조건이나 절차 없이 운용되기 때문에, 계약서에서 확인해야 할 항목도 많지 않지요. 실제로 많은 분들이 예상보다 훨씬 간단하다는 점에 놀랍니다. 그만큼 분쟁이 발생할 여지도 거의 없습니다.

반면, 건강보험은 전혀 다른 영역입니다. 먼저 가입자의 건강 상태를 정확히 고지해야 하며, 보험금이 언제, 어떤 경우에 지급되는지도 꼼꼼히 따져 봐야 합니다. 특히 보험사가 책임지지 않는 '면책 조항'은 반드시 확인해야 할 핵심 항목입니다. 이처럼 조건이 복잡하게 얽혀 있기 때문에, 건강보험을 선택할 때는 보다 세심하고 신중한 검토가 필요합니다.

보험계약서란 결국, 나의 돈과 미래를 위임하는 법적 문서입니다. 서명 전에 한 문장, 한 문장 꼼꼼히 읽고, 필요하면 전문가의 해석을 받으시길 권합니다. 보험은 '믿음'으로 시작되지만, '계약'으로 안전을 확보하는 것입니다. 시작이 꼼꼼해야, 20년 후의 결과도 명확합니다.

```
                        POLICY SPECIFICATIONS
OWNER:
INSURED:                     O
BASIC PLAN:
NOTIONAL AMOUNT:   USD139,296          AUGUST 15, 2019      :POLICY DATE
POLICY NO.:              80                                 :MATURITY DATE
REFERENCE:         000000-05-0                              :REFERENCE
CLASS:             STANDARD            AUGUST 12, 2019      :APPLICATION DATE
SEX/AGE:           MALE  /  3          AUGUST 15, 2019      :ISSUE DATE


         BENEFIT*                              PREMIUM*

Benefit periods end on the Policy       Each benefit premium is payable up
Anniversary on or following the         to the Policy Anniversary
Insured's Age shown below               on or following the Insured's
                                        Age shown below

                         Form    To              Annual    Payable
Benefit                  No.    Age              Premium   To Age
BASIC PLAN                      100             USD20,000.04    8


                Total Annual Premium*           USD20,000.04
```

출처: 2019년 준시부기 기입한 저축보험 증서 세부사항

제65장

해지할 땐 어떤 절차를 따라야 하나요?

홍콩 저축성 보험 해지 절차 요약표

단계	내용
1. 청약철회 기간	보험증서 또는 안내문 수령 후 21일 이내, 청약철회를 신청하면 전액 환급이 가능합니다. 고객 보유 제도입니다.
2. 해지 신청	정식 해지를 원할 경우, 보험사 소정 양식(예: Surrender Request Form)을 작성해 제출합니다.
3. 제출 방법	이메일, 우편, 직접 방문, 일부 보험사는 모바일 앱/웹사이트를 통한 신청도 허용합니다.
4. 필요 서류	- 해지 신청서 - 여권 사본 - 영문 계좌 확인서(예: 통장사본 또는 은행 발급 확인서) - 기타 요구 서류
5. 자금 수령	서류 제출 후 통상 14영업일 이내, 지정한 한국 또는 홍콩 은행 계좌로 환급금이 송금됩니다.
6. 계약 종료 통지	해지가 완료되면, 보험사는 서면 또는 이메일로 계약 종료 사실을 통보합니다.

이제 해지의 흐름을 차근차근 살펴보겠습니다. 우선, 가입 직후에는 불안함과 막연함을 걷어 낼 기회가 주어집니다. 보험증서가 발행되면 21일 동안은 '생각의 여지'를 남겨 두고 언제든 전액 환급받을 수 있습니다. 이는 소비자 보호를 위한 홍콩보험 시스템의 첫걸음입니다.

그다음은 본격적인 해지 과정입니다. 정해진 해지 양식을 작성해 제출하게 되는데, 해지신청서, 여권 또는 HKID 사본, 은행 계좌 확인서 등 기본 서류는 필수입니다. 우편이나 직접 방문은 물론, 최근에는 보험사 앱이나 웹으로 손쉽게 처리할 수 있는 경우도 있습니다. 하지만 이 부분은 보험사마다 다르므로, 사전에 반드시 확인하셔야 합니다.

서류가 접수되면 보험사는 내부 절차에 따라 해지환급금을 평가하고, 통상 2주 이내에 가입자가 지정한 은행 계좌로 송금합니다. 이 과정이 진행되면, 보험 계약은 자동으로 종료됩니다.

결국, 홍콩보험에서의 해지는 복잡하지 않습니다. '정식 양식 제출 → 소요 기간 확인 → 환급 수령 → 계약 종료'라는 흐름을 따라가면 됩니다. 다만, 해지 시점과 보험사의 규정을 체크하는 지혜만 갖췄다면, 해지 역시 충분히 설계 가능한 '자산 운용의 한 축'이 될 수 있습니다.

> 제66장

가입 후에도 관리가 필요한가요?

보험은 단지 '가입'에서 끝나는 금융 상품이 아닙니다. 특히 해외 저축성 보험, 그중에서도 홍콩보험은 오히려 '가입 이후'의 관리가 더 중요한 자산입니다. 마치 씨앗을 뿌린 뒤에는 물을 주고 햇볕을 쬐어야 하듯, 장기적으로 큰 열매를 맺기 위해선 꾸준한 관심과 손질이 필요합니다.

우선, 보험사와의 꾸준한 커뮤니케이션이 핵심입니다.

홍콩보험은 일반적으로 매년 'Policy Anniversary Statement'라는 이름의 명세서를 발송합니다. 여기에는 현재까지의 해지환급금, 계약 현황 등이 명시되어 있어, 수익률이 예상과 맞는지를 확인할 수 있습니다. 이 자료는 보험의 '건강진단서'라 할 수 있으므로, 정기적으로 확인하고 의문점은 바로 해소하는 습관이 필요합니다. 최근에는 보험사 대부분이 모바일 앱(App)을 통해 인출 신청 및 계약 정보 조회까지 가능하도록 서비스를 개선하고 있습니다.

두 번째는 계약자와 수익자 변경, 그리고 자산 이전 전략의 점검입니다.

홍콩보험은 계약자, 수익자, 피보험자 간 유연한 구조를 갖추고 있어, 향후 상속, 증여 전략에 따라 변경이 가능합니다. 특히 자녀가 성장한 이후, 계약자를 자녀로 변경함으로써 자산 이전을 자연스럽게 이룰 수 있으며, 증여세 부담도 줄이는 전략으로 연결됩니다. 이러한 조치는 단발성 판단이 아닌, 주기적인 검토와 전략적 설계가 필요합니다.

마지막으로 세무 리스크에 대한 점검입니다.

홍콩 보험계약의 납입 누적금액이 5억 원을 초과하는 경우, 한국 국세청에 '해외금융계좌'를 신고해야 합니다. 신고 의무를 이행하지 않을 경우 최대 20%의 과태료가 부과될 수 있습니다. 이는 매년 6월 말까지 신고하면 되므로, 해마다 납입금액을 점검해 기준을 초과하는지 반드시 확인해야 합니다.

요약하자면, 홍콩보험의 진짜 가치는 '가입 이후'에 결정됩니다.

외국 상품이라서 불안하다는 편견보다는, 어떻게 체계적으로 관리하느냐에 따라 이 보험은 수십 년을 함께하는 든든한 금융 파트너가 될 수 있습니다. 가입만 하고 방치하는 보험이 아닌, 살아 숨 쉬는 자산으로 키워 가는 것이 바로 홍콩보험 관리의 핵심입니다.

> 제67장

가입자가 내는 수수료는 따로 있나요?

해외보험에 처음 관심을 갖기 시작한 분들이 가장 먼저 던지는 질문 중 하나는 이것입니다.

"홍콩 현지에서 가입하는 게 아니라, 한국에서 홍콩판매사(IFA)를 통해 가입하면 수수료가 더 붙나요?"

결론부터 말씀드리자면, 가입자가 별도로 부담하는 수수료는 없습니다. 홍콩의 저축성 보험은 보험료 전액이 본인의 계약으로 편입되며, 그 안에서 보험사 자체적으로 설계사 수당, 운영비, 유통 수수료 등이 내부 정산됩니다. 소비자에게 중개 수수료나 별도의 컨설팅 비용을 요구하는 일은 정상적인 판매 구조에서는 존재하지 않습니다.

하지만 주의해야 할 점도 있습니다. 일부 비공식 채널에서는 '컨설팅 비용'이나 '가입 수속비'라는 명목으로 금전을 요구하는 경우도 간혹 있습니다. 이는 홍콩 보험사의 공식 절차와 무관한 사항이며, 소비자 보호 측면에서도 위험한 선택이 될 수 있습니다.

또한 요즘은 홍콩 방문 없이도 비대면으로 가입할 수 있는 구조도 일부 보험사에서 허용하고 있습니다. 물론 이 역시 보험사 내부의 정식 규정을 따를 경우에만 가능한 것으로, 반드시 고객 확인(KYC), 본인 고지, 영상 인터뷰 등의 절차가 병행됩니다.

요컨대, 어떤 경로로 가입하시든 가장 중요한 것은 '투명성과 절차의 정당성'입니다. 별도의 수수료를 요구하지 않는 것이 원칙이며, 이를 어기는 행위는 보험사와 소비자 간 신뢰를 해치는 일입니다. 처음에는 생소하게 느껴지실 수 있지만, 올바른 채널과 전문가의 도움을 받는다면, 홍콩 보험 가입은 생각보다 훨씬 간명하고 안전한 과정이 될 수 있습니다.

제68장

글로벌 보험사는 어디에 투자하나요?

"이렇게 큰 보험회사들은 고객이 낸 보험료를 어디에 투자하나요?"

이 물음은 당연합니다. 고객 입장에서는 내 자산이 어떻게 운용되고 있는지, 그 방향과 안정성에 대한 이해 없이 장기 계약을 맺는다는 건 쉽지 않은 일이기 때문입니다.

결론부터 말하자면, 글로벌 보험회사는 단기 수익보다 장기적인 안정성과 예측 가능성을 최우선으로 두고 투자합니다. 여기에는 그들만의 고도로 정제된 전략이 있습니다.

먼저, 보험사의 투자 포트폴리오에서 가장 높은 비중을 차지하는 자산은 '채권'입니다. 미국 국채, 독일 국채, 일본 국채 등 선진국의 정부 채권뿐 아니라, A등급 이상의 우량 기업채 역시 선호 대상입니다. 그 이유는 간단합니다. 보험사는 고객에게 향후 수십 년에 걸쳐 지급해야 할 보험금을 안정적으로 준비해야 하며, 채권은 일정한 이자 수익과 원금 보전을 동시에 제공하는 최적의 수단이기 때문입니다.

하지만 채권만으로는 부족합니다. 성장성이라는 요소가 빠지면 수익률이 급격히 낮아지기 때문이죠. 그래서 보험사는 일정 비중을 주식형 자산에 배분합니다. 여기서 주의할 점은, 보험사는 개별 테마나 급등락 종목을 피하고, 대부분은 배당주나 지수형 ETF에 투자한다는 것입니다. 대표적인 것이 S&P500, QQQ, 그리고 글로벌 대기업의 우량 주식입니다.

다음으로 중요한 투자처는 부동산입니다. 주거용보다 상업용 부동산, 예컨대 오피스 빌딩, 물류창고, 쇼핑몰 등에 투자하여 안정적인 임대 수익을 창출합니다. 최근에는 부동산 외에도 인프라 투자, 즉 공항, 항만, 고속도로, 신재생에너지 등 국가가 장기적으로 보장하는 자산에도 큰 관심을 보이고 있습니다.

그리고 마지막으로 대체 투자라는 범주가 있습니다. 여기에는 사모펀드(PEF), 헷지펀드, 보험연계증권(ILS) 등 고위험·고수익 자산이 포함됩니다. 보험사는 이 분야에도 일정 비중을 두되, 전체 자산의 5~10% 이내로 제한하여 리스크를 관리합니다.

그렇다면 실제 사례는 어떨까요?

글로벌 A보험사는 전체 자산의 25~80%를 채권, 20~75%를 주식과 부동산에 투자합니다. 채권 중심의 안정성과, 성장형 자산의 균형을 동시에 추구하죠.

또 다른 G사는 고정 수익 자산(국채·회사채 등)에 20~100%, 비고정 자산(주식, 부동산 등)에 0~80%를 배분하는 유연한 전략을 씁니다.

C사는 채권에 30~50%, 주식형 자산에 50~70%를 두고, 비교적 공격적인 투자 성향을 보여 줍니다. 이들은 일정 수준의 안정성은 유지하면서도 높은 수익률을 포기하지 않는 방식을 채택한 것입니다.

Asset allocations

You can find the current target asset allocations below applied on different parts of the asset share:

(a) asset share (excluding the part on currency accounts)

Asset Class*	Allocation*
Government bonds, corporate bonds and other similar instruments	25% - 80%
Growth assets	20% - 75%

(b) asset share of currency accounts

Asset Class*	Allocation*
Government bonds, corporate bonds and other similar instruments	100%

출처: A보험사, 자산전략

Investment Strategy:

Generali seeks to balance between the risks and return of this product to provide long-term value to the Policyholders.

The product's current long-term target asset allocation is as follows:

Asset Class	Target Asset Allocation (%)
Fixed income assets	20% - 100%
Non-fixed income assets	0% - 80%

출처: G보험사, 자산전략

Asset Class	Target Asset Mix (%)
Bonds and other fixed income instruments	30% - 50%
Equity-like assets	50% - 70%

출처: C보험사, 자산전략

이 모든 것을 종합하면, 글로벌 보험사의 핵심 전략은 시장의 불확실성을 이겨 내는 '분산 투자'와 '장기 운용'입니다. 보통 계약 초반 10년은 안정성이 높은 자산에 집중하고, 이후부터는 수익률을 극대화할 수 있는 성장 자산으로 포트폴리오를 조정해 나가는 방식이죠.

이 전략은 단지 보험사에만 해당하는 게 아닙니다. 장기 자산을 설계하려는 개인 투자자에게도 충분히 적용할 수 있는 교훈이기도 합니다. 내 자산을 어떻게 지키고 불릴 것인가—그 해답은 글로벌 보험사의 포트폴리오 안에 이미 담겨 있는지도 모릅니다.

> 제69장

법인 명의로도 가입 가능한가요?

"개인뿐만 아니라, 법인 명의로도 홍콩보험에 가입할 수 있을까요?"

정답은, "그렇습니다. 법인도 가능합니다".

홍콩보험은 단지 개인의 자산 증식이나 상속 수단으로만 활용되는 것이 아닙니다. 최근에는 법인 자금 운용, 절세 전략, 복리후생 구조의 일환으로 법인 명의 보험을 고려하는 기업들이 꾸준히 늘고 있습니다.

사실 법인의 입장에서 보험은 단순한 저축 수단 그 이상입니다. 자금 운용의 유연성을 높이고, 장기적인 투자처로서의 역할을 하며, 경영자 혹은 핵심 직원에 대한 복지로도 활용될 수 있습니다. 예컨대, 대표이사 또는 임직원을 피보험자로 지정하고 법인을 계약자로 두면, 만기 시 수익을 법인이 회수하거나 필요시 계약을 승계하여 가업 승계 자산으로도 전환할 수 있는 것입니다.

가입 절차는 생각보다 복잡하지 않습니다. 기본적으로는 개인 보험과 유사한 절차를 따르며, 단지 추가로 필요한 서류가 있을 뿐입니다. 법인 사업자등록증, 정관, 최근 재무제표 등이 필요할 수 있습니다. 그리고 보험사 측에서는 법인의 납입 능력과 목적 적합성 등을 함께 검토하게 됩니다.

주의할 점도 있습니다. 일부 상품은 '자연인 피보험자'를 전제로 하기 때문에, 반드시 설계단계에서 '법인 계약이 가능한 상품인지'를 확인해야 합니다. 또한, 향후 자산 회수나 계약 변경 시 세무적인 고려도 반드시 필요합니다. 예를 들어, 보험금이 법인 계좌로 지급될 경우 그 회계 처리는 어떻게 할지, 이후 개인으로 명의 이전 시 어떤 세금이 발생할 수 있을지 등을 미리 계획해야 합니다.

결론적으로, 법인 명의로의 홍콩보험 가입은 충분히 가능하며, 목적에 따라 매우 전략적인 선택이 될 수 있습니다. 법인의 유보 자금을 단순히 은행에 묶어 두기보다는, 복리로 자산을 증식하고 필요시 활용 가능한 보험 형태로 운용한다면, 보다 유연하고 효율적인 경영 재무 전략을 수립할 수 있습니다. 성공적인 기업 자산 관리를 위해, 법인 명의 보험은 이제 선택이 아닌 필수가 되어 가고 있습니다.

제70장

고액 자산가들이 자주 쓰는 전략은?

고액 자산가들은 단순히 수익률 높은 상품을 쫓는 것이 아닙니다. 그들의 전략은 훨씬 더 정교하고, 목적이 분명합니다. 바로 '자산을 지키고', '다음 세대로 물려주는 것'입니다. 이러한 목적에 가장 적합한 도구 중 하나가 바로 해외 저축성 보험, 특히 홍콩보험입니다.

첫째, 자산 승계의 도구로서의 보험입니다.

글로벌 보험사 Manulife와 Deloitte의 공동 보고서에 따르면, 중국·홍콩 지역의 고액 자산가 중 70% 이상이 보험을 포트폴리오에 포함시키고 있으며, 이들 중 과반수는 명확히 '유산 분쟁 예방'과 '세대 간 자산이전'을 이유로 보험을 활용한다고 응답했습니다. 보험의 가장 큰 장점 중 하나는, 계약자와 피보험자, 수익자를 명확히 지정할 수 있다는 점입니다. 덕분에 유언장 없이도 원하는 대로 자산 이전이 가능하고, 법적 분쟁도 최소화할 수 있습니다.

둘째, 고액 자산가 전용 상품의 등장입니다.

홍콩의 주요 보험사들은 자산가 고객을 위한 고유한 상품을 내놓고 있습니다. 예를 들어 G사의 한 상품은 만 3년 만에 원금 회복이 가능한 구조에, 계약자와 피보험자 변경이 자유롭고, 중도 인출이 유연한 설계로 주목받고 있습니다. 이러한 상품은 단순한 저축 수단이 아니라, 장기적 재정 설계의 중심축이 됩니다.

셋째, 포트폴리오의 분산과 안정성입니다.

홍콩보험은 보험료가 곧 투자금입니다. 이 자금은 채권, 글로벌 배당주, S&P500 ETF, 프라임급 오피스 빌딩, 물류센터, 인프라 프로젝트, 사모펀드 등으로 분산 운용됩니다. 보험회사는 10년 이하 구간에는 안정적인 채권 자산을, 10년 이상 구간부터는 고수익 성장 자산에 비중을 두는 구조를 택해 수익과 안정 사이의 균형을 유지합니다. 이 전략은 고액 자산가들의 자산 보존 욕구와 수익 추구 욕망을 동시에 충족합니다.

넷째, 제도와 환경의 뒷받침입니다.

홍콩은 상속세·증여세가 없고, 글로벌 자산에 대한 과세제도도 명확하게 구분되어 있습니다. 또한 국제 금융 중심지로서의 위상과 함께 패밀리 오피스 제도, 금융 전문가 네트워크, 글로벌 자산 운용사의 밀집 등이 이 도시를 고액 자산가들의 전략적 거점으로 만들어 주고 있습니다.

결론적으로, 고액 자산가들이 홍콩보험을 선택하는 이유는 단순한 이율 경쟁력이 아닙니다. 그것은 자산의 '보존', '분산', '승계'라는 세 가지 키워드를 아우르는, 매우 전략적인 재무 설계의 일환입니다. 그들에게 보험은 상품이 아니라 시스템입니다. 그리고 그 시스템의 설계자는 바로 여러분 자신입니다.

PART 8

고급 전략과 미래 전망

—

고소득층, 은퇴자, 글로벌 투자자가
궁금해할 심화 주제

> 제71장

퇴직금을 홍콩보험으로 활용할 수 있나요?

"퇴직금이 들어오면 어떻게 굴려야 할까요?"

은퇴를 앞둔 수많은 분들이 이 질문 앞에 멈춰 섭니다. 평생 일한 대가로 받은 퇴직금. 이 돈은 단순한 저축이 아니라, 제2의 인생을 설계하는 소중한 기반입니다. 그런데 그 자금을 국내 은행에 그대로 묶어 두거나, 치킨집이나 피자집 같은 생계형 창업에 뛰어드는 것이 과연 현명한 선택일까요? 최근 들어, 퇴직금을 받은 이들 사이에서 '홍콩 저축성 보험'을 활용하는 전략이 조용히 떠오르고 있습니다. 이유는 분명합니다. 안정성, 유연성, 그리고 세금 효율성—퇴직자에게 꼭 필요한 세 가지 조건을 모두 갖추었기 때문입니다.

첫째, 단기 노후 생활비로 활용이 가능합니다.

일부 보험사의 상품은 2년 납입하고 만 3년 만에 원금 수준에 도달하고, 3년 차 말부터는 총 납입액의 약 6%에 달하는 연금이 사망 시까지 매년 지급됩니다. 이는 평생의 고정 소득원이 되어 줄 뿐 아니라, 내가 납입한 원금은 그대로 유지되기 때문에 퇴직자 입장에서는 심리적으로 매우 안정감을 느낄 수 있습니다.

둘째, 보험 구조상 자산에 대한 통제권을 유지할 수 있습니다.

홍콩보험은 계약자, 피보험자, 수익자를 각각 자유롭게 지정할 수 있는 구조입니다. 따라서 자녀에게 자산을 물려줄 계획이 있다면, 수익자 변경이나 인출 시점을 전략적으로 조정할 수 있어, 자산의 운용과 승계를 유연하게 관리할 수 있습니다.

셋째, 퇴직금의 일부만으로도 분산 투자가 가능합니다.

퇴직금 전체를 한 번에 넣는 것이 부담스럽다면, 일부 금액만 투입해 먼저 경험해 보는 것도 가능합니다. 상품에 대한 신뢰가 생긴 이후 추가 가입하거나, 자녀 명의로 확장하는 방식도 고려해 볼 수 있습니다.

물론 주의할 점도 있습니다. 퇴직금을 활용해 해외보험에 가입할 경우, 자산이 해외로 이전되는 구조이기 때문에 해외금융계좌 신고나 세무 신고 요건이 발생할 수 있습니다. 특히 자녀에게 수익자가 이전될 경우에는 증여세 검토도 필요하므로, 반드시 전문가와의 사전 상담이 요구됩니다.

결론적으로, 퇴직금을 활용한 홍콩 저축성 보험 가입은 단순한 '투자'를 넘어서는 일입니다.

그것은 바로 인생 2막을 지혜롭게 설계하기 위한 '자산 전략'이며, 안정적인 수익, 유연한 구조, 그리고 글로벌 자산 분산이라는 키워드를 통해 당신의 은퇴 이후 삶을 보다 단단하게 만들어 줄 수 있는 선택입니다. 당신의 퇴직금, 그 첫걸음이 곧 미래를 바꾸는 설계가 될 수 있습니다.

> 제72장

한국 국가경쟁력 순위, 왜 중요할까요?

"한국은 경제 강국인데, 굳이 해외보험을 찾아야 할 이유가 있을까요?" 이 질문의 핵심에는 '국가경쟁력'과 '금융경쟁력'이라는 두 개념이 교차하고 있습니다.

국가경쟁력을 측정하는 대표적인 기관은 세계경제포럼(WEF)과 스위스 국제경영개발대학원(IMD)입니다. 이 두 기관은 매년 세계 각국의 경쟁력을 평가하며, 그 결과는 단순한 순위를 넘어, 각국 정부의 정책 결정에도 영향을 미치는 중요한 자료로 활용됩니다.

WEF는 기본환경, 인적자원, 시장, 혁신생태계 네 가지 축으로 경쟁력을 평가하며, 설문조사 70%, 통계자료 30%를 반영합니다. 반면 IMD는 경제성과, 정부 효율성, 기업 효율성, 인프라 등 네 개 부문을 기준으로 삼고 있으며, 설문조사 46%, 통계자료 54%를 활용합니다. 평가 방식이 다르기에 결과 또한 일정하게 일치하지는 않습니다.

예를 들어, 2019년 WEF의 평가에 따르면 한국은 141개국 중 국가경쟁력 13위를 차지했습니다. 특히 거시경제 안정성과 ICT 인프라 부문에서는 세계 1위를 기록하며 경제 체질의 탄탄함을 입증했습니다. 그러나 노동시장 유연성, 금융시스템, 기업 활력 분야에서는 낮은 점수를 받았죠. 같은 해 홍콩은 3위, 미국은 2위를 기록했으며, 특히 금융 시스템 부문에서 홍콩은 세계 1위, 미국은 3위, 한국은 18위에 머물렀습니다.

2022년 IMD 자료에서도 이 격차는 뚜렷합니다. IMD는 한국을 전체 63개국 중 27위로 평가했으며, 정부 효율성과 기업 효율성에서 낮은 점수를 받은 배경에는 빠르게 증가한 재정 지출과 경직된 노동시장 문제가 자리하고 있습니다. 반면, 홍콩은 5위, 미국은 10위를 기록했고, 금융경쟁력 부문에서는 홍콩 5위, 미국 6위, 한국은 23위였습니다.

이쯤에서 우리는 중요한 사실을 하나 짚고 넘어갈 필요가 있습니다. 우리가 실제로 금융 상품을 선택할 때, 더 중요하게 보아야 할 것은 단순한 국가경쟁력이 아니라 '금융시장의 성숙도와 투명성', 즉 금융경쟁력이라는 점입니다.

예를 들어, 자녀가 축구에 재능이 있다면 유럽 리그에, 농구에 재능이 있다면 미국 NBA에 보내야 하는 것처럼, 금융 상품 역시 더 성숙하고 경쟁력 있는 시장에서 선택하는 것이 자연스럽습니다.

한국은 자동차, 반도체, 바이오 등 제조업과 첨단산업 분야에서 세계를 선도하는 반면, 금융산업은 상대적으로 발전이 더뎠습니다. 이는 집중과 선택의 결과이며, 잘한 전략이기도 합니다. 하지만 개인의 자산 포트폴리오 차원에서 보자면, 이 격차는 곧 기회로 이어질 수 있습니다.

홍콩은 세계적 금융 허브로서, 다양한 글로벌 보험사와 펀드, 채권 등이 자유롭게 운용되고 있으며, 투자자 친화적 제도와 높은 투명성으로 금융자산의 글로벌 분산 투자처로 각광받고 있습니다. 한국의 금융시장과 비교할 때 자산운용의 유연성, 상품 다양성, 그리고 외화 기반 자산의 축적이라는 점에서 확연한 차이를 보여 줍니다.

결국 이 모든 논의는 하나의 질문으로 수렴됩니다.

"내 자산을 어디에서, 어떻게 관리하는 것이 가장 안정적이고 효과적인가?"

그 해답을 찾는 여정에서, 우리는 단지 한국이라는 울타리 안에 머무르지 말고, 세계 무대로 시야를 넓혀야 합니다. 그리고 그 문을 열어 주는 열쇠 중 하나가, 바로 홍콩보험입니다.

제73장

미국 시민권자도 가입할 수 있나요?

어느 날 홍콩보험에 대해 알아보던 한 고객이 조심스럽게 물었습니다. "제가 미국 시민권자인데, 혹시 가입이 가능한가요?"

먼저 결론부터 말씀드리자면, 미국 시민권자도 홍콩보험에 가입은 가능합니다. 실제로 다수의 글로벌 보험사는 미국 시민권자 또는 미국 영주권자를 위한 전용 상품이나 심사 프로세스를 갖추고 있습니다. 하지만 이 과정에는 몇 가지 주의할 점이 분명 존재합니다.

첫째, 보험사는 미국 납세자의 '금융정보 자동보고제도(FATCA)'에 따라 고객 정보를 미국 국세청(IRS)에 통보해야 합니다. 이는 보험계약자 본인의 해외금융계좌에 일정 금액 이상 자산이 있을 경우, 미국 세무당국에 보고하는 것을 뜻하며, 보험도 예외가 아닙니다. 특히 보험계약의 현금가치(Cash Value)가 일정 수준을 넘는다면, FBAR 및 IRS Form 8938을 통해 매년 보고해야 합니다. 보고하지 않을 경우, 고의든 실수든 막대한 벌금이 부과될 수 있습니다.

둘째, 미국 시민권자에게 홍콩보험의 과세 구조는 일반적인 외국인과는 다릅니다. 해외보험의 배당 수익이나 해지환급금 증가분은 IRS에 의해 과세 대상으로 간주될 수 있으며, 일정 요건을 충족하지 못하면 자칫하면 이중 과세 또는 불리한 세율 적용도 피할 수 없습니다.

셋째, 일부 보험사는 미국 납세자의 보험 가입을 제한하거나, 별도의 내부 심사를 통해 승인 절차를 거칩니다. 최근 몇 년 사이, 미국과의 FATCA 협약에 따라 미국인을 받아들이지 않거나, 보다 보수적으로 심사하는 보험사들도 늘고 있기 때문에, 반드시 사전에 가능 여부를 확인해야 합니다.

그렇다면 미국 시민권자는 홍콩보험을 피해야 할까요? 그렇지 않습니다. 오히려 명확하게 신고하고, 계획적으로 관리한다면, 홍콩보험은 글로벌 자산 설계에 있어 매우 유용한 수단이 될 수 있습니다. 미국 내 자산과는 다른 구조로 운용되기 때문에, 글로벌 자산 분산의 한 축이 될 수 있는 것이죠.

미국 시민권자라고 해서 글로벌 금융의 문이 닫힌 것은 아닙니다. 다만, 그 문을 여는 열쇠는 바로 철저한 준비와 전략적 설계입니다. 홍콩보험도 마찬가지입니다. 누구에게나 열려 있지만, 그 문턱은 각자의 조건에 따라 달라지며, 넘어설 수 있는 방법 또한 존재합니다.

> 제74장

어느 회사 상품이 수익률이 좋나요?

홍콩보험에 대해 본격적으로 공부하기 시작한 뒤, 저는 보험사별 수익률 비교에 깊이 몰입한 적이 있습니다. 단순히 상품 설명서나 누군가의 블로그를 본 게 아니라, 직접 쇼핑몰 내 보험 판매 부스에 가서 상담도 받아 보고, 보험사 공식 홈페이지를 통해 상담 신청을 하여 홍콩 현지 사무실까지 찾아가 보았습니다. 거리 한복판에서 흔히 볼 수 있는 보험 '호객꾼'에게도 접근해 설계서를 받아 보았죠. 그렇게 하나둘 모인 설계서가 어느덧 열 개를 넘어섰고, 그중에서 가장 신뢰할 만한 여섯 개 보험사를 선별해, 동일 조건하에 수익률을 직접 비교해 보기로 했습니다.

40세에 매년 1만 달러씩 5년간, 총 5만 달러를 납입하고, 20년 차인 60세, 30년 차인 70세, 50년 차인 90세에 이르렀을 때의 연평균 수익률(IRR)을 비교해 본 것입니다. 비교 대상은 프랑스 A사, 중국 C사, 홍콩 A사, 이탈리아 G사, 캐나다 S사, 홍콩 F사입니다.

가장 먼저 프랑스 A사입니다. 제가 실제로 와이프와 함께 가입한 상품이기도 합니다. 중국 C사는 쇼핑몰 내 부스에서 상담한 보험사입니다. 홍콩 A사는 현지 설계사 사무실을 방문해 설계서를 받았는데, 37년 경력의 '보험의 살아 있는 전설'에게 직접 설명을 들었습니다. 이탈리아 G사는 보험대리점으로 이직한 직원이 SNS를 통해 추천한 회사입니다. 캐나다 S사는 동일한 직원이 함께 비교 추천해 준 곳입니다. 홍콩 F사는 또 다른 보험대리점이 강력 추천한 보험사입니다.

정리하면 이렇습니다.

1만불 * 5년납	프랑스 A사	중국 C사	홍콩 A사	이탈리아 G사	캐나다 S사	홍콩 F사	평균
20년차 환급금	126,786	121,279	124,583	128,500	131,065	126,598	-
20년차 수익률	5.3%	5.04%	5.19%	5.39%	5.48%	5.29%	5.28%
30년차 환급금	249,398	250,701	240,545	258,500	266,895	263,234	-
30년차 수익률	5.90%	5.92%	5.76%	6.07%	6.15%	6.12%	5.99%
50년차 환급금	916,586	993,954	973,008	1,039,000	1,063,519	1,051,435	-
50년차 수익률	6.24%	6.48%	6.37%	6.54%	6.57%	6.55%	6.45%

단위 : USD

출처: 2023년 홍콩 6개 보험사 저축상품 수익률 비교

특이한 점은, 대부분의 보험사들이 장기 거치 시 복리로 6% 이상의 수익률을 안정적으로 실현하고 있다는 사실입니다. 복리의 힘은 시간이 지날수록 더욱 강력하게 작용하며, 그 결과 50년 이상 유지 시 원금 대비 20배 이상의 자산으로 불어나는 사례도 확인할 수 있습니다.

물론 글로벌 주식형 연금의 연평균 수익률인 8.8%보다는 다소 낮을 수 있습니다. 그러나 홍콩보험의 수익률은 철저히 보수적으로 산정되어 있

고, 실제 수익률이 예상을 상회하는 경우도 자주 있습니다. 100년 거치 기준으로는 연평균 약 7%(2025년 7월부터 최고 수익률 6.5% 이하)의 수익률이 제시되고 있습니다. 장기 자산 증식 수단으로서의 매력은 충분합니다.

결론적으로 말씀드리자면, 홍콩 보험사 간 수익률 차이는 미미합니다. 어느 회사를 선택하든 평균 5~6% 복리 수익률을 기대할 수 있으며, 이는 예금이나 펀드, 국내 저축보험보다 훨씬 경쟁력 있는 수준입니다. 따라서 단순히 수익률 숫자만 비교해 회사를 선택하기보다는, 가입 시점의 보험료 할인 프로모션 규모, 가입자의 성향에 맞는 보험사의 특성, 상품을 소개한 사람이 실제로 가입했는지 여부와 그 전문성, 그리고 전반적인 서비스 만족도까지 종합적으로 고려해 선택하는 것이 훨씬 더 현명한 판단입니다. 수익률을 넘어, 신뢰와 꾸준함이 만든 시간의 복리. 그것이 진짜 자산을 만들어 주는 힘입니다.

> 제75장

2050년 한국의 글로벌 위상은?

"50년 뒤의 경제 순위가 지금 나와 무슨 상관이야?"

그렇게 생각하시는 분들도 계실지 모릅니다. 하지만, 우리가 지금 저축하고 투자하는 금융상품은 20년, 30년, 길게는 50년 뒤 미래를 향해 가는 자산입니다. 그 돈이 어디에서, 어떤 환경 속에서 돌아오느냐를 생각해본다면, 이 질문은 결코 먼 나라 이야기가 아닙니다.

미국의 투자은행 골드만삭스는 「2075년으로 가는 길」이라는 제목의 경제 보고서에서 세계 경제 판도가 아시아 중심으로 재편될 것이라 내다봤습니다. 인구 증가율은 2075년 0%에 수렴하고, 성장의 핵심은 "사람", 즉 생산가능인구의 크기로 결정된다고 못박았습니다.

보고서에 따르면, 한국은 2020년 캐나다와 공동 10위였던 실질 GDP 순위에서 2030년 13위, 2050년에는 20위권 밖으로 밀려날 것으로 전망됩니다. 더 심각한 건 성장률입니다.

- 2020년대: 연평균 2%
- 2040년대: 0.8%
- 2060년대: -0.1%
- 2070년대: -0.2%

골드만삭스가 조사한 34개국 중 마이너스 성장으로 돌아설 유일한 국가가 한국이었습니다. 같은 시기, 중국, 인도, 인도네시아, 나이지리아, 파키스탄, 이집트 등은 인구 기반을 바탕으로 세계 10대 경제 대국으로 부상할 전망입니다. 2050년, 세계 5대 경제대국은 중국, 미국, 인도, 인도네시아, 독일, 2075년에는 중국, 인도, 미국, 인도네시아, 나이지리아 순입니다.

한국이 이렇게 밀려나는 주된 이유는 단 하나, 인구입니다. 저출산과 고령화, 그리고 근본적으로 보수적인 이민 정책 때문입니다. 이민 없이 생산인구를 늘릴 수 있는 방법은 없습니다. 실제로 SBS 뉴스 등 국내 주요 매체들도 "한국의 이민 장벽은 매우 높고, 장기 체류 외국인에게조차 여전히 문턱이 높다"고 지적한 바 있습니다. 이민이 일상인 북미, 유럽과 비교하면 확연한 차이죠.

이제 여기서 중요한 질문이 생깁니다.

과연 한국의 금융시장에서 50년 후에도 기대할 만한 수익과 안정성을 찾을 수 있을까요?

답은, 불투명하다는 겁니다. 국가의 경제 체력이 쇠퇴하고, 인구가 줄고, 금융시장의 역동성마저 약해진다면, 장기적인 금융상품의 경쟁력도 약화될 수밖에 없습니다. 반면에, 홍콩, 미국, 싱가포르 같은 금융 선진국들은 여전히 글로벌 투자 중심지로서 위상을 지킬 가능성이 큽니다. 실제로

Exhibit 14: Real GDP Growth Projections for Major Economies by Decade
Real GDP growth projections (Market FX weighted)

	Real GDP Growth Projections (%)								
	2000-2009	2010-2019	2020-2029	2024-2029	2030-2039	2040-2049	2050-2059	2060-2069	2070-2079
World	2.7	3.2	2.4	2.8	2.5	2.1	2.0	1.8	1.7
DM	1.6	1.9	1.5	1.8	1.6	1.4	1.3	1.2	1.1
United States	1.9	2.3	1.7	1.9	1.7	1.5	1.4	1.3	1.2
Germany	0.8	2.0	0.7	1.2	1.3	1.1	0.9	0.9	1.0
Japan	0.5	1.2	0.6	0.9	0.8	0.7	0.7	0.6	0.5
United Kingdom	1.6	2.0	1.4	2.0	1.9	1.6	1.5	1.3	1.2
Canada	2.1	2.3	1.7	2.1	2.0	1.9	1.7	1.6	1.6
Australia	3.1	2.6	2.3	2.5	2.4	2.1	1.8	1.7	1.5
Asia (ex. DM)	7.6	6.7	4.1	4.2	3.1	2.4	2.1	1.8	1.5
China	10.3	7.7	4.2	4.0	2.5	1.6	1.1	0.9	0.5
India	6.9	6.9	5.0	5.8	4.6	3.7	3.1	2.5	2.1
Indonesia	5.3	5.4	3.8	4.3	3.6	3.0	2.6	2.3	2.0
Korea	4.9	3.3	2.0	1.9	1.4	0.8	0.3	-0.1	-0.2
Thailand	4.3	3.6	1.9	2.8	2.4	1.9	1.4	1.1	0.9
Philippines	4.5	6.4	4.4	6.0	4.9	4.1	3.5	3.1	2.7
CEEMEA	4.8	3.5	2.6	3.2	3.3	3.1	3.0	2.9	2.7
Russia	5.5	2.1	0.3	1.2	1.6	1.2	1.2	1.3	1.1
Turkey	4.0	5.9	4.2	3.5	2.9	2.1	1.7	1.4	1.1
Saudi Arabia	3.5	3.5	2.8	2.9	3.2	2.5	2.0	1.7	1.4
Poland	3.9	3.7	2.8	3.3	1.9	1.1	0.7	0.5	0.4
Egypt	5.0	4.4	4.7	4.8	5.3	4.4	3.8	3.2	2.7
South Africa	3.6	1.7	1.8	2.8	3.6	3.4	2.9	2.6	2.2
LatAm	2.8	2.4	2.3	3.0	3.1	2.7	2.3	1.9	1.6
Brazil	3.4	1.4	1.9	2.4	2.8	2.5	2.1	1.7	1.5
Mexico	1.5	2.7	1.8	3.0	3.0	2.6	2.2	1.7	1.4
Argentina	2.6	1.4	2.6	3.3	3.1	2.6	2.2	1.8	1.5
Colombia	3.9	3.7	3.4	3.4	3.3	2.7	2.2	1.7	1.4
Chile	4.2	3.3	2.1	2.3	2.4	2.0	1.6	1.4	1.2
Peru	5.0	4.5	3.3	4.2	4.0	3.5	2.9	2.5	2.1

Source: Goldman Sachs Global Investment Research

2022년 IMD 국가경쟁력 순위에서 한국은 27위, 홍콩은 5위, 미국은 10위를 기록했고, 금융 시스템 부문에서는 한국이 23위, 홍콩은 5위에 올랐습니다.

　정리하자면, 한국은 분명 위대한 산업 국가였고, 지금도 제조업과 기술 부문에서는 세계 최고 수준입니다. 그러나 금융의 미래는 단지 현재의 기술력이나 경제 규모가 아니라, 지속 가능한 인구 구조와 개방성, 시스템의 유연성에서 비롯됩니다. 2050년의 한국, 2075년의 글로벌 흐름은 곧, "당신의 연금이 돌아올 환경"이 될 것입니다. 그렇다면 우리는 지금 어디에 저축하고, 어디에 투자해야 할까요? 당신의 답은, 미래를 읽는 통찰력에 달려 있습니다.

제76장

홍콩보험 피해는 어디에 신고하나요?

홍콩보험에 관심이 늘어나면서, 일부 소비자들은 '피해를 당했을 때는 어디에 신고해야 하나요?'라는 질문을 던지곤 합니다. 특히 홍콩보험처럼 국외에서 체결되는 상품은 국내처럼 금융감독원에 민원을 넣기도 어렵고, 어디서 도움을 받아야 할지 막막할 수 있습니다. 하지만 분명한 건 있습니다. 홍콩 내에도 소비자 보호를 위한 공식 절차와 기관이 존재하며, 실제로 많은 소비자들이 이를 통해 문제를 해결하고 있다는 사실입니다.

우선 가장 공식적인 피해 신고 창구는 홍콩 보험감독국(Insurance Authority, IA)입니다. IA는 홍콩 정부 산하 독립 감독기관으로, 보험사의 영업 행위, 소비자 불만, 중대한 분쟁 등에 대한 민원과 조사를 수행합니다. 보험에 관련된 피해가 발생했다면, IA 홈페이지의 민원 접수 페이지를 통해 직접 온라인 신고가 가능하며, 전화 또는 우편을 통한 접수도 가능합니다.

또한, 보험 판매자와의 분쟁, 과도한 수수료, 고지 의무 미이행 등 영업

과정에서 발생한 민원은 홍콩 보험민원국(Insurance Complaints Bureau, ICB)을 통해 해결할 수 있습니다. 이 기관은 고객과 보험사 간 분쟁을 조정해 주는 중립적인 중재 기구이며, 소액 분쟁(금액 한도 80만 홍콩달러 이하)에 대해서는 무료로 중재를 받을 수 있습니다. ICB에 접수된 분쟁 중 상당수는 실제로 소비자에게 유리한 판정이 내려지기도 합니다. 만약 홍콩 현지 언어에 대한 부담이 있다면, 가입 당시 이용한 판매사(IFA) 또는 준사부에게 먼저 연락해 문제 해결을 요청할 수 있습니다. 이들은 대부분 다국어 응대가 가능하며, 필요한 경우 IA나 ICB 신고를 도와주기도 합니다.

결론적으로 말해, 홍콩보험 피해도 체계적인 신고 및 구제 절차가 존재합니다. 피해가 의심된다면, 당황하지 말고 정확한 기관에 신속히 대응하시기 바랍니다. 보험은 국가 간 경계 너머에서도 소비자의 권리를 보호받을 수 있는 장치가 이미 마련되어 있습니다.

> 제77장

해지 타이밍은 어떻게 판단하나요?

홍콩 저축성 보험은 일반적인 예금처럼 만기가 있는 구조가 아닙니다. 특정 시점이 되면 만기 도래와 함께 자동으로 원금과 이자가 지급되는 예금과는 달리, 이 상품은 '계약자가 스스로 결정하는 만기'를 갖는 유연한 구조입니다. 다시 말해, 언제든 해지할 수 있고, 언제든 인출할 수 있지만, 그 시점에 따라 수익률과 자산 활용의 방식이 달라지게 됩니다.

많은 분들이 묻습니다. "이제 몇 년 지났는데 해지해도 되나요?" 하지만 이 질문은 근본적으로 잘못된 전제에서 시작된 것입니다. 홍콩 저축성 보험은 해지를 전제로 설계된 상품이 아닙니다. 오히려, 해지는 최후의 수단이며, 그보다 먼저 고려해야 할 것은 '인출'이라는 전략입니다.

그렇다면 언제 인출하는 것이 가장 좋을까요? 핵심은 바로 '손익분기점'입니다. 이는 납입한 총 보험료보다 해지환급금이 많아지는 시점을 의미하며, 흔히 '원금 도달 시점'이라고도 부릅니다. 대부분의 상품에서 이 시점은 2년 납입 기준으로는 가입 후 5~6년 차, 5년 납입 기준으로는 7~8

년 차에 도달합니다. 이 시점을 지나면 복리 효과가 본격적으로 작동하기 시작해, 자산이 눈에 띄게 증가하는 구간으로 접어듭니다.

따라서 이 시점 이후에는 해지보다는 '부분 인출'이 더 유리한 전략이 될 수 있습니다. 예를 들어, 자녀 교육비, 노후 생활자금, 비상 자금 등 필요할 때 필요한 만큼만 인출하고 나머지는 계속 굴리는 방식입니다. 이렇게 하면 복리 효과는 유지되면서도 유동성까지 확보할 수 있습니다.

결론적으로, 홍콩 저축성 보험은 해지 타이밍을 고민하는 상품이 아니라, '언제, 어떻게 꺼내 쓸 것인가'를 설계하는 자산 운용 플랫폼입니다. '해지'는 종결이지만, '인출'은 시작입니다. 여러분의 보험은 지금도 복리로 자라고 있습니다. 그 자산의 열매를 언제 따먹을지는, 이제 당신의 선택에 달려 있습니다.

> 제78장

어떤 사람에게
홍콩보험이 가장 잘 맞을까요?

홍콩 저축성 보험은 흔히 '고액 자산가들의 절세 수단'쯤으로 오해되곤 합니다. 하지만 실상은 정반대입니다. 이 상품은 지금 자산을 형성하는 중인 20~40대 직장인에게야말로 가장 필요한 금융도구일 수 있습니다.

왜일까요? 한국은 전 세계에서 노후빈곤율 1위 국가입니다. 국민연금만으로는 노후를 버틸 수 없다는 사실은 이제 모두가 알고 있습니다. 문제는, 여유가 있는 20~40대에 준비하지 않으면 늦는다는 겁니다. 40대 중후반에는 자녀 교육비, 아파트 자금, 생활비로 여력이 없습니다. 그러니 은퇴 준비는 수득 대비 지출이 가장 단순한 20~40대 초 시절에 시작해야 합니다.

홍콩보험은 그 시기를 정확히 겨냥합니다. 5년 정도만 납입하고 장기로 굴리는 복리 구조 덕분에, 이후에는 유지 부담 없이 자산이 스스로 커집니다. 자녀 교육비나 결혼자금, 은퇴 이후의 연금 등, 인생 후반부의 모든 큰 비용을 지금의 선택 한 번으로 준비할 수 있게 해 줍니다.

그리고 무엇보다, 달러 자산이라는 점은 글로벌 시대에 큰 무기가 됩니다. 자녀가 대학을 가든, 본인이 해외에서 노후를 보내든, 환율 리스크에 휘둘리지 않는 금융 기반을 확보하는 것입니다.

결국 홍콩보험은, 지금은 작아 보여도 미래를 지탱해 줄 단단한 씨앗입니다. 시작이 빠를수록 복리의 시간은 길어지고, 그만큼 결과는 압도적입니다.

노후의 나를 위한 최고의 선물, 그 출발점이 지금 당신의 20대, 30대일 수 있습니다.

제79장

홍콩배우 故 매염방이 170억 원을 남기고 선택한 마지막 금융상품은?

여러분이 170억 원이라는 거액을 가지고 있고, 시한부 인생을 선고받은 상황이라면? 더구나 어머니는 도박에 빠져 있고, 돌봐야 할 동생과 조카들이 있다면? 이 막중한 자산을 어떻게 지키고, 누구에게 어떻게 남겨야 할까요? 이것은 홍콩의 국민 여배우, 故 매염방(梅艶芳) 씨가 실제로 마주했던 삶의 마지막 질문이었습니다.

1980~90년대 홍콩영화의 황금기를 기억하는 사람이라면 매염방을 모를 수 없습니다. 장국영이 남자 스타의 대명사였다면, 매염방은 여성 스타의 아이콘이었죠. 화려했던 그녀는 40세에 암으로 세상을 떠나며 170억 원의 유산을 남겼습니다. 그러나 그녀는 이 돈이 사랑하는 가족의 삶을 망칠 수도 있음을 알았습니다. 그래서 마지막으로 택한 금융 수단은 바로 '신탁'이었습니다. 그녀는 사망 전에 생전신탁을 설계합니다. 사랑하지만 신뢰할 수 없는 가족을 보호하면서도, 자신의 의지를 지켜 주는 제도. 그게 바로 신탁이었습니다.

신탁 조건은 이랬습니다.

① 어머니에게는 매달 7만 홍콩달러(약 1,200만 원)의 생활비만 지급. 운전기사 1명, 가사도우미 2명 고용도 조건으로 명시. 도박으로 자산이 탕진될 것을 우려해 목돈은 철저히 차단.
② 조카들의 교육자금으로 총 170만 홍콩달러 지급.
③ 평생 친구에게는 홍콩 해피밸리의 고급 아파트와 런던 부동산 2채를 증여.
④ 어머니가 100세를 넘기면 남은 재산은 불교 자선단체에 전액 기부.
⑤ 신탁 조건은 모든 수익자에게 비공개 유지.

매염방의 어머니는 이후 10년이 넘도록 신탁 무효 소송을 벌였지만 모두 패소했습니다. 신탁의 법적 효력은 단단했고, 그녀의 의지는 지금까지도 유효합니다. 매염방의 어머니는 올해 100세 생신을 맞았지만, 여전히 신탁이 정한 조건 이상은 받을 수 없습니다.

이 사례는 단순한 연예인의 재산관리 이야기가 아닙니다. 신탁이 얼마나 강력하고 유연한 자산 관리 수단인지, 그리고 가족 간 분쟁을 예방하는 가장 현실적인 제도가 무엇인지 잘 보여 주는 본보기입니다.

실제로 신탁은 법정상속과 달리, 피상속인의 의지와 현실적인 상황을 반영해 정교하게 설계할 수 있는 유일한 수단입니다. 매염방처럼 자녀, 조카, 친구 등 각자의 사정을 반영해 맞춤형 분배가 가능하다는 점이 큰 장점이죠. 그리고 이 모든 것이 가능했던 이유 중 하나는 홍콩의 신탁 제도가 있었기 때문입니다.

홍콩은 영국식 신탁법의 전통을 계승한 금융 허브로, 100년이 넘는 역사를 가진 안정적인 신탁 시스템을 운영해 왔습니다. 정교한 신탁 설계, 엄격한 법적 집행력, 그리고 금융기관의 전문성과 투명성 덕분에, 자산을 안전하게 지키고 싶어하는 전 세계 고액 자산가들의 선택을 받고 있는 곳입니다. 결국 매염방은 자신이 떠난 후에도 사랑하는 가족을 위한 최선의 배려를 실천했습니다. 그리고 그 배려를 실현해 준 것이 바로, '신탁'이라는 제도와 '홍콩'이라는 금융 인프라였습니다. 돈을 잘 버는 것보다 중요한 건, 어떻게 남길 것인가입니다. 그 정답을 우리는 매염방의 마지막 선택에서 찾을 수 있습니다.

> 제80장

가입 후 후회하는 사람들은 어떤 점을 말하나요?

홍콩보험은 안정성과 복리의 매력으로 많은 이들의 관심을 끌고 있지만, 가입 이후 아쉬움을 토로하는 분들도 간혹 있습니다. 과연 그들은 무엇 때문에 후회하게 되었을까요? 그들의 목소리를 통해, 우리가 미리 짚고 넘어가야 할 사항들을 정리해 봅니다.

가장 먼저 등장하는 후회는 "내가 뭘 가입했는지 모르겠다"는 고백입니다. 설계서를 받았지만 구조가 어렵고, 영어로 된 용어들이 낯설어 제대로 이해하지 못한 채 가입한 경우가 많습니다. 특히 '원금보증'과 '배당 비보증' 수익이 구분되어 있다는 점, 중도해지 시 손실이 발생할 수 있다는 점을 뒤늦게 알게 되어 낭패를 보는 경우가 있습니다.

두 번째 후회는 환차손에 대한 경계심 부족입니다. 보험금은 미 달러로 지급되기 때문에, 가입 당시보다 원화 가치가 강세를 보이면 실질 수익률이 낮아질 수 있습니다. 가입 전에는 '환차익도 기대할 수 있다'는 말에 혹했지만, 실제 수령 시점에는 환율이 오히려 수익률을 깎아먹는 변수로 작용할 수 있습니다.

세 번째는 중도 해지와 관련된 부분입니다. 홍콩보험은 기본적으로 장기 상품입니다. 초기에 빠져나가는 사업비와 수수료로 인해, 5년 이내에 해지하면 원금 회복은커녕 손해가 날 수 있습니다. '급하게 자금이 필요할 때 해지하고 쓰면 되지'라고 생각했다가, 예상보다 낮은 해지환급금에 실망하게 되는 경우가 종종 있습니다.

마지막으로, 신뢰할 수 있는 소개인이나 검증된 전문가를 통하지 않은 가입에서 오는 문제가 있습니다. 일부 소비자들은 설명 부족 상태에서 급히 가입한 후, 가입 이후 사후 관리를 받지 못하는 것으로 인해 불만을 토로하기도 합니다. 검증된 전문가를 통하는 것이 얼마나 중요한지를 보여 주는 사례입니다.

그러나 반대로 말하면, 이 모든 후회는 '준비 부족'에서 비롯된 것들입니다. 보험의 구조와 리스크를 충분히 이해하고, 본인의 재정 상황과 목적에 맞춰 가입했다면 오히려 높은 만족도를 보이는 경우가 많습니다. 후회는 무지에서 오고, 혜택은 이해에서 비롯됩니다. 홍콩보험은 당신의 자산을 키우는 든든한 뿌리가 될 수 있지만, 그만큼 올바른 이해와 전략이 전제되어야 합니다.

제81장

한국 금융이 홍콩에 밀리는 5가지 이유는?

한국과 홍콩, 두 금융 시장은 지리적으로 가까우면서도 금융 인프라와 글로벌 경쟁력 면에서는 뚜렷한 차이를 보입니다. 단순히 제도상의 차이를 넘어, 두 도시가 '금융'을 바라보는 철학 자체가 다르다고도 할 수 있지요. 그렇다면 홍콩이 어떻게 글로벌 금융 허브로 자리 잡았고, 왜 한국은 아직 그 반열에 오르지 못했을까요? 핵심적인 5가지 차이를 중심으로 정리해 보겠습니다.

1. 자본시장의 개방성과 글로벌 상장 생태계

홍콩증권거래소(HKEX)는 알리바바, 샤오미, 메이투안 같은 중국 빅테크는 물론 다국적 기업들까지도 상장하는 세계적인 주식 시장입니다. 이는 홍콩이 글로벌 자본의 흐름을 수용할 수 있는 개방적 구조를 갖추고 있기 때문입니다. 반면, 한국거래소(KRX)는 삼성전자 등 일부 대형기업을 제외하면 글로벌 투자자들의 이목을 끌 만한 생태계가 부족합니다. 외국 기업의 한국 상장은 찾아보기 어렵고, 국내 기업조차 해외 진출을 위한 플랫폼으로 한국 증시를 활용하지 않는 경우가 많습니다. 자본 시장 자체의 매력도가 다르다는 얘기입니다.

2. 외환시장 유동성과 환율 자유화 수준

홍콩은 미국 달러와의 고정환율제를 유지하면서 세계 3대 외환 거래소 중 하나로 자리 잡고 있습니다. 하루 평균 외환 거래량만 해도 6,320억 달러(약 925조 원)에 이릅니다. 반면, 한국은 여전히 원화의 국제화가 지체되어 있고, 외환 규제도 많은 편입니다. 외국인이 자유롭게 원화를 사고팔기 어려운 환경에서는 국제 금융기관들의 진입이 제한될 수밖에 없겠죠.

3. 글로벌 투자은행의 아시아 거점

JP모건, 씨티은행, 골드만삭스, HSBC 등 세계적인 투자은행들이 아시아 본부를 두고 있는 도시, 바로 홍콩입니다. 이들은 단순한 영업지점이 아니라 전략 본부로서, 자본 운용과 의사결정이 직접 이루어지는 실질적인 중심지로 홍콩을 선택했습니다. 반면 한국에 있는 외국계 금융사 대부분은 제한적 업무만 수행하는 지점(branch) 수준으로 운영되며, 의사결정의 중심은 여전히 해외 본사에 있습니다. 이는 글로벌 자본이 한국을 전략적 거점으로 삼지 않고 있음을 보여 주는 대목입니다.

4. 핀테크와 가상자산 시장의 유연성

홍콩은 2023년부터 가상자산 관련 법률을 정비해 암호화폐 ETF를 허용하고, 기관투자자의 참여를 제도권 내로 이끌었습니다. 그 결과 바이낸스, OKX 등 글로벌 암호화폐 거래소들이 앞다투어 홍콩에 진출하고 있습니다. 반면, 한국은 여전히 강력한 규제를 유지하며 제도권 내 암호화폐 접근이 어렵습니다. 국내 1위 거래소인 업비트 역시 글로벌 투자자들에게는 사실상 닫혀 있는 구조입니다. 혁신이 필요한 시장에서, 제도적 문턱은 곧 경쟁력 저하로 이어집니다.

5. 세금과 금융에 대한 정부 철학

홍콩의 법인세는 16.5%로 한국(25%)에 비해 크게 낮고, 금융소득세나 부가가치세(VAT)도 없습니다. 금융소득이 온전히 투자자에게 돌아가는 구조이기 때문에, 글로벌 금융기관이나 고액자산가들에게는 더없이 매력적인 환경입니다. 반면 한국은 금융소득 종합과세, 주식 양도세, 각종 거래세와 규제로 인해 투자자 입장에서 '숨 막히는' 시스템에 가깝습니다.

결론적으로 말하자면, 홍콩은 왜 금융 허브인가?

- 개방적인 자본시장
- 유동성 높은 외환시장
- 글로벌 금융기관 본부 밀집

- 혁신을 수용하는 규제 환경
- 낮은 세금과 효율적인 정책

이 다섯 가지가 바로 핵심입니다.

한국도 이제는 'IT 강국'이라는 프레임에서 한 걸음 더 나아가, 금융의 글로벌화를 위한 전략적 도약이 필요합니다. 외환 규제 완화, 글로벌 투자자 친화 정책, 금융기관의 자율성과 창의성 보장 없이는, 우리는 영원히 '금융 후진국'이라는 꼬리표를 떼기 어렵습니다.

"돈이 흐르는 곳이 권력의 중심이다."

그 흐름의 방향이 어디를 향하고 있는지, 지금이야말로 진지하게 살펴봐야 할 때입니다.

> 제82장

싱가포르보험과 비교하면?

사람들은 가끔 묻습니다.

"홍콩보험이 그렇게 좋다면, 싱가포르보험은 어떤가요? 혹시 더 나은 대안은 아닐까요?"

1. 아시아 금융의 쌍두마차, 홍콩과 싱가포르

이 두 도시의 보험상품은 모두 글로벌 고액자산가들의 선택지로 언급됩니다. 하지만 보험이라는 상품은 '어디에서 가입했느냐'보다 '무엇을 위해 가입하느냐'가 훨씬 중요합니다. 그래서 이번 장에서는 싱가포르보험과 홍콩보험의 구조적 차이, 실제 수익률, 가입 방식 등을 비교해 보며, 독자 여러분이 어떤 선택을 할지 스스로 판단하실 수 있도록 돕고자 합니다.

2. "저축"이냐, "보장"이냐 - 목적부터 다르다

홍콩보험은 한마디로 "내 인생을 위한 자산"입니다. 내가 납입한 보험료가 나를 위해, 혹은 은퇴 후를 위해 쓰이도록 설계되어 있습니다. 반면, 싱가포르보험은 "누군가를 위한 유산"입니다.

내가 살아 있을 때보다는, 내가 세상을 떠난 후 누군가를 위해 남기는 보험이라는 성격이 강합니다. 두 상품 모두 '저축형 보험'이라는 이름을 달고 있지만, 본질은 사뭇 다릅니다.

3. 수익률로 본 실전 비교

실제 설계서를 기준으로, 40세 남성이 연간 1,300만 원씩 5년간 납입한 후 65세부터 인출 혹은 연금 수령을 시작하는 구조를 가정해 보겠습니다.

- 홍콩 A보험사: 65세부터 매년 1,300만 원 지급, 100세 해지환급금 약 4.2억 원
- 홍콩 M보험사: 65세 해지환급금 약 2.2억 원
- 싱가포르 A보험사: 65세 해지환급금 약 1.64억 원

홍콩보험의 복리 누적 구조가 장기간에 걸쳐 얼마나 강력한 자산 증식 효과를 발휘하는지 단적으로 보여 주는 결과입니다. 반면 싱가포르보험은 해지환급금이 낮지만 사망보장은 상대적으로 높은 구조이기 때문에 "내가 아닌 타인을 위한 보험"에 가깝습니다.

Product Type	Participating Endowment Plan
Premium Term	5 Years
Policy Term	86 Years
Name of Insurer	A■ SINGAPORE PRIVATE LIMITED
Policy Currency	US Dollars

년수/나이   총 보험료   해지환급금

End of Policy Year / Age	Total Basic Premiums Paid To-date ($)	원금보증 Guaranteed ($)	원금비보증(3.5%) Non-Guaranteed ($)	총계 Total ($)	원금비보증(3.5) Non-Guaranteed ($)	총계 Total ($)
			Illustrated at 3.50% Investment Return		Illustrated at 5.00% Investment Return	
1/40	10,000	0	0	0	0	0
2/41	20,000	0	0	0	0	0
3/42	30,000	9,350	315	9,665	585	9,935
4/43	40,000	12,650	634	13,284	1,182	13,832
5/44	50,000	15,850	957	16,807	1,791	17,641
6/45	50,000	18,700	1,284	19,984	2,412	21,112
7/46	50,000	21,600	1,615	23,215	3,045	24,645
8/47	50,000	24,500	1,951	26,451	3,691	28,191
9/48	50,000	27,400	2,291	29,691	4,350	31,750
10/49	50,000	30,400	2,720	33,120	5,226	35,626
11/50	50,000	34,900	3,080	37,980	5,939	40,839
12/51	50,000	39,400	3,445	42,845	6,667	46,067
13/52	50,000	50,900	3,814	54,714	7,409	58,309
14/53	50,000	51,100	4,189	55,289	8,166	59,266
15/54	50,000	51,250	7,127	58,377	15,260	66,510
16/55	50,000	51,400	7,860	59,260	16,937	68,337
17/56	50,000	51,800	8,726	60,526	18,952	70,752
18/57	50,000	52,200	10,389	62,589	22,974	75,174
19/58	50,000	52,650	12,321	64,971	27,697	80,347
20/59	50,000	52,800	20,536	73,336	48,268	101,068
25/64	50,000	54,000	29,845	83,845	71,962	125,962
30/69	50,000	55,050	40,746	95,796	100,689	155,739
35/74	50,000	58,850	54,987	113,837	139,416	198,266
40/79	50,000	62,550	72,897	135,447	189,661	252,211
45/84	50,000	69,400	93,822	163,222	250,327	319,727
50/89	50,000	76,300	117,463	193,763	321,232	397,532
55/94	50,000	83,200	148,748	231,948	417,358	500,558
60/99	50,000	90,100	186,852	276,952	537,798	628,026

출처: 싱가포르 A보험사, 저축상품 설계서

4. 가입의 현실성 - 누가 쉽게 가입할 수 있을까?

홍콩보험은 현재 한국에서 우편, 전화, 인터넷, 팩스로 가입이 가능합니다.

직접 홍콩에 가지 않아도 되고, 가입 설계서 확인부터 최종 납입까지 전 과정이 비대면으로 이루어지니 접근성이 뛰어납니다.

하지만 싱가포르보험은 현지 방문이 필수입니다.

한국 거주자라면 반드시 싱가포르로 직접 가서 계약을 체결해야 하고, 이 과정에서 거주지 증명, 자산 증명 등의 까다로운 요건도 요구될 수 있습니다. 가입의 문턱이 높은 것이죠.

5. 상품의 유연성과 진화 속도

홍콩보험은 업계 간 경쟁이 치열하고 시장 규모가 크기 때문에, 상품 업데이트가 활발하게 이루어집니다. 실제로 매년 더 개선된 상품들이 출시되고 있습니다. 싱가포르보험은 여기에 비하면 기능적 유연성은 다소 제한적인 편입니다.

6. 나에게 맞는 보험은?

보험은 단순히 "더 좋은 상품"을 찾는 것이 아닙니다. 지금 내 인생의 목적과 우선순위가 무엇이냐에 따라, "더 잘 맞는 상품"을 찾는 것입니다.

- 홍콩보험은 나의 노후, 자녀 교육자금, 결혼자금 등 생애주기 전반에 걸쳐 인출과 활용이 가능한 구조입니다.
- 평생 나와 함께하는 자산 관리 도구로 활용되고 싶다면 홍콩보험이 맞습니다.
- 싱가포르보험은 부모, 배우자, 자녀 등 사랑하는 사람에게 유산을 남기고 싶을 때 유효합니다. 사망 후 큰 금액을 남겨 주는 것이 목적이라면 싱가포르보험이 맞습니다.

7. 결론

"보험은 인생의 설계서다." 어디서 가입했느냐보다, 누구를 위해 가입했느냐가 더 중요합니다.

　단순히 더 높은 수익률을 좇기보다, 내가 살아가는 동안 이 보험이 얼마나 유용한가, 그리고 내가 떠난 뒤에도 그것이 누군가의 삶에 어떤 가치를 줄 수 있는가를 기준으로 판단해야 합니다.

　싱가포르와 홍콩.

　두 도시는 모두 훌륭한 금융 시스템을 가지고 있습니다.

　하지만, 당신이 지금 선택하려는 보험의 목적이 무엇인지 그 질문에 먼저 답하신 후 비교하시기 바랍니다. 답은 이미 그 안에 있습니다.

> 제83장

법률이 바뀌면 기존 계약은 어떻게 되나요?

혹시 이런 걱정을 해 보신 적 있으신가요?

"지금은 괜찮은데, 나중에 홍콩 법이 바뀌면 내 보험은 어떻게 되는 거지?"

홍콩 저축성 보험에 가입하신 분들 중엔, 제도 변화나 법 개정이 기존 계약에 어떤 영향을 줄지 불안해하시는 분들이 많습니다. 하지만 결론부터 말씀드리자면, 기존 계약은 법이 바뀌어도 흔들리지 않습니다.

홍콩보험은 계약 당시의 법률과 약관을 기준으로 작성되며, 보험업법(Insurance Ordinance, Cap. 41)에 따라 소급 적용이 금지되어 있습니다. 쉽게 말해, 나중에 보험 규정이 강화되거나 제도가 달라져도, 과거에 체결한 계약에는 영향을 미치지 않는다는 뜻입니다. 여러분이 가입하신 그 순간의 권리와 조건은 그대로 유효합니다.

또 하나 중요한 점은, 만에 하나 보험사가 경영이 어려워져 청산되는 상황이 오더라도, 계약이 소멸되는 게 아니라 그대로 다른 보험사로 이전되며 고객의 권리 역시 고스란히 승계된다는 것입니다. 이와 관련한 법적 장치와 감독 체계는 이미 마련되어 있어, 수십 년 동안 변함없이 보험 계약자들의 권리를 지켜 주고 있습니다.

홍콩 금융당국은 보험 소비자 보호에 있어 세계적으로도 모범적인 시스템을 운영하고 있습니다.

대표적으로 다음과 같은 원칙이 철저히 지켜집니다.

- 기존 계약자는 법 개정 이전 조건으로 보험 유지
- 법 개정은 신규 계약자부터 적용
- 보험사 구조 변경 시, 계약은 다른 회사로 이전되며 보장 유지

이처럼 장기 상품인 홍콩보험은 단지 눈앞의 수익률만이 아니라, 법적 안정성과 구조적 신뢰성까지 고려된 설계라는 사실을 꼭 기억해 두시기 바랍니다.

여러분이 오늘 체결한 계약은, 앞으로 수십 년간 여러분과 가족의 자산을 지켜 주는 중요한 약속입니다. 법이 바뀐다고 해서 그 약속이 깨지는 일은 없다는 것, 이것이 바로 홍콩보험의 '약속을 지키는 힘'입니다.

> 제84장

6% 확정금리, 미국 연금보험은 어때요?

　전 세계 금융의 심장, 미국. 수많은 글로벌 투자은행과 보험사가 밀집한 이 나라에서 2024년 출시된 하나의 연금상품이 전 세계의 주목을 받고 있습니다. 이름하여 'MYGA(마이가, Multi-Year Guaranteed Annuity)', 확정금리형 복리 연금. 무려 연 6%, 그것도 복리로 지급되는 이율입니다.

　한국에서는 5,200만 인구에 보험사가 34개, 홍콩은 720만 인구에 157여 개, 그런데 미국은 어떨까요? 3억 4천만 인구에 무려 5,978개의 보험사가 존재합니다. 뉴욕주에만 547개가 포진해 있을 정도로 말이죠. 이처럼 경쟁이 치열한 시장에서 살아남으려면 보험사 입장에서도 '확실히 좋은 상품'을 내놓을 수밖에 없습니다.

　중앙일보 보도에 따르면, 이 연금상품은 일시납으로 일정 금액을 예치하고 10년 동안 연 6% 복리로 불려 주는 구조입니다. 실제 설계서를 보면 10만 달러를 납입하면 10년 후 적립금은 179,085달러. 복리계산기와 완벽히 일치하는 수치입니다. 사업비가 없고, 해지수수료는 매년 1%씩 줄

어드는 구조입니다. 국내에서는 상상하기 어려운 수익률이죠.

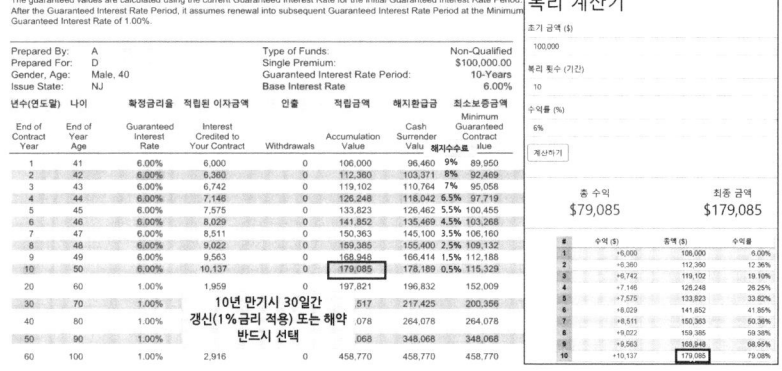

출처: 미국 E보험사, 마이가 6% 확정금리 연금상품 설계서

이쯤 되면 많은 한국인들이 이렇게 반응합니다. "이건 사기야!", "회사는 뭐 먹고 살아?" 하지만 MYGA는 사기가 아닙니다. 오히려 보험의 본질

에 가장 충실한 상품입니다. 미국 보험사는 상품을 출시하기 전, 엄격한 금융당국의 심사와 시뮬레이션을 통과해야 합니다. 단순히 '좋은 상품'이라기보다, '제도적으로 가능한 상품'인 것입니다. MYGA는 단지 고수익이 아니라, '안정성'을 중심에 둔 구조입니다. 세금 유예 효과도 있고, 만기 후에는 연금으로 전환하거나, 다른 상품으로 이동할 수 있는 옵션도 제공됩니다. 특히 미국에서는 100년 이상 된 보험사들이 다수 존재하며, 이들은 철저한 감독 아래, 매년 수익과 운용보고서를 투명하게 공개합니다.

물론, 이 상품은 미국 시민권자 혹은 미국 납세자 번호(ID)를 보유한 사람만 가입이 가능합니다. 한국 거주자가 직접 가입하는 것은 불가능에 가깝지만, 그렇기에 이 상품이 더욱 신뢰를 얻는 것이죠. 일확천금형 고위험 투자가 아닌, 국가가 인정한 제도권 금융상품이라는 의미입니다.

"너무 좋아서 사기 아닐까?"라는 의심 대신, "왜 이게 가능하지?"라는 질문을 던지는 순간, 진짜 금융의 문이 열립니다.

미국 보험이 보여 주는 6% 복리의 세계는 결코 마법이 아닙니다. 그것은 치열한 경쟁과 투명한 제도, 100년 기업의 신뢰가 만들어 낸 결과입니다. 그러니 믿어도 좋습니다. 단, 이 혜택을 누릴 자격이 있느냐는 또 다른 이야기입니다.

(제85장)

계약자 사망 시, 보험은 어떻게 처리되나요?

"만약 계약자가 사망하면, 홍콩 저축보험은 어떻게 처리되나요?" 일반적으로 보험이라 하면, 피보험자 혹은 계약자가 사망하면 '사망보험금'을 지급받고 계약이 종료되는 구조를 떠올리기 마련입니다. 하지만 홍콩 저축보험은 조금 다릅니다. 아니, 아주 다릅니다.

홍콩 저축보험의 핵심 가치는 '사망 시 보험금 수령'이 아니라, '생전에도, 사후에도, 끊김 없이 이어지는 자산관리'에 있습니다. 다시 말해, 계약자 사망 시 바로 보험을 청구하고 끝내기보다는, 그대로 유지하면서 자녀나 가족이 이어서 '인출'해 가며 활용할 수 있도록 설계되어 있다는 것이죠.

이 구조의 중심에 있는 것이 바로 후속 피보험자 지정(Successor Insured) 기능입니다. 가입 후 미리 피보험자를 지정해 두는 것입니다. 이렇게 지정해 두면, 피보험자가 사망하더라도 보험은 자동으로 다음 피보험자에게 넘어가며 살아 있는 보험으로 계속 유지됩니다. 결과적으로 사망보험금 청구라는 일회성 이벤트 대신, 남겨진 가족들이 꾸준히 인출하며 장기간 자산을 활용할 수 있는 구조가 만들어지는 셈입니다.

예를 들어, 40대 부모가 가입한 저축보험이 있다고 합시다. 그 부모가 80세에 세상을 떠났을 때, 이미 지정된 피보험자—예를 들어 자녀—가 바로 계약을 승계 받고, 보험은 살아 있는 상태로 계속 유지됩니다. 자녀는 이후에도 매년 배당을 통해 교육자금, 생활비, 은퇴자금 등을 유동적으로 인출해 쓸 수 있습니다. 만약 보험을 해지한다면 그때 해지환급금을 받으면 되겠죠. 굳이 사망보험금을 급하게 받기 위해 계약을 종료할 이유가 없는 것입니다.

이러한 시스템 덕분에 홍콩 저축보험은 단순한 '보험'이 아니라, 하나의 '장기 자산 운용 계좌'로 이해하는 것이 더 적절합니다. 보험을 해지해서 일시금으로 받는 것보다, 그대로 유지하며 자산을 증식하고 인출해 활용하는 쪽이 훨씬 유리하기 때문입니다.

결론적으로, 홍콩 저축보험은 계약자의 사망이 끝이 아닌 시작입니다. 후속 피보험자 지정 기능을 통해, 가문의 자산을 한 세대에서 다음 세대로 이어 가는 '다리'가 되어 줍니다. 이것이야말로 생명보험이 진정한 '생명'을 이어 주는 방식 아닐까요?

(제86장)

최근 국내 언론에 나온
홍콩보험 관련 뉴스는?

2015년, "홍콩보험"이라는 이름이 처음 한국에 등장했을 때 사람들은 반신반의했습니다. 똑같이 돈을 넣는데, 국내 보험보다 연금이 두 배 이상 나온다고 하니, 처음엔 다들 사기라고 여겼죠. 하지만 시간이 흐르며 직접 홍콩보험사에 다녀온 사람들이 배당을 받고, 실제로 지급이 이루어지는 사례들이 퍼지기 시작하면서 상황은 달라졌습니다. 입소문은 곧 SNS로 확산되었고, '홍콩보험 직구'라는 말이 생겨날 정도로 자발적인 가입이 이어졌습니다.

그러자 금융감독원은 경고에 나섰습니다. 최근 SNS를 통해 역외보험 가입 권유가 증가함에 따라 '주의' 단계의 소비자경보를 발령한 것이죠. 공식적인 채널인 우편, 전화, 팩스, 인터넷을 통한 가입은 허용되지만, 이 역시도 가입 과정이나 상품 구조에 대한 정확한 이해 없이 접근할 경우, 사고 발생 시 소비자 보호를 받기 어렵다는 점을 강조했습니다.

보 도 참 고 자 료

보도	2020.5.25.(월) 조간	배포	2020. 5. 22.(금)
담당부서	보험영업검사실 민동휘 부국장(3145-7260), 이유진 선임(3145-7262) 금융상품분석실 강형구 팀장(3145-8331), 오민석 선임(3145-8333)		

제 목 : 역외보험 가입을 권유받을 때 주의하세요! – 소비자경보 (주의) 발령

■ 소비자경보 2020-9호

등급	**주의**	경고	위험
대상	금융소비자일반		

소비자경보 주요 내용

◆ 최근 페이스북, 블로그, 유튜브 등 SNS를 중심으로 **역외보험*** 가입을 권유하는 내용의 게시물을 쉽게 접할 수 있는데 이에 대해 **소비자들의 주의가 필요하므로 소비자경보('주의'단계)를 발령함**

* 국내에서 보험업 허가를 받지 않은 외국보험회사와 체결하는 보험

o 국내 소비자가 가입할 수 있는 역외보험은 일부만 허용되어 있고, 가입할 때도 우편, 전화, 컴퓨터통신 등의 방법으로 체결 하여야 하며 국내 거주자의 중개·대리를 통한 가입은 금지됨

o 아울러 역외보험에 가입한 소비자는 예금자보호나 금감원의 민원·분쟁조정 대상자가 아니므로 소비자보호 제도에 따른 보호를 받을 수 없음

o 반면에 외국어로 기재된 역외보험에 대한 **정보 부족**, **허위·과장 광고** 등으로 소비자가 피해를 입게 될 가능성은 보다 높으므로 국내 소비자들의 각별한 주의가 필요함

※ (소비자경보 개요) 금융소비자 피해 사전예방 및 확산방지를 위해 운영하는 제도로 사안의 심각성 등을 고려하여 '주의'→'경고'→'위험' 3단계로 운영

이와 더불어 '강남부자보험'이라는 이름으로 불리며, 고소득층과 자산가들 사이에서 선호되던 유배당 해외보험이 국세청의 레이더망에도 포착됐습니다. 부모가 자녀 명의로 가입하고 보험료를 대신 내는 편법 증여 사례가 늘어나자, 국세청은 실태 조사를 통해 증여세와 소득세를 부과했습니다. 단지 고수익만이 아니라, 자산 승계·신탁기능·피

출처: 조세일보, "'강남부자보험'으로 불리는 역외보험 뭐길래?…국세청 '편법 증여' 조사"

보험자 변경이 가능한 구조가 절세 수단으로 주목받았던 것입니다.

이러한 논란에도 불구하고, 홍콩보험은 여전히 강남을 중심으로 확산 중입니다. 국내 저금리, 변동성 높은 금융시장 속에서 연 6~7% 수익률을 제시하는 홍콩의 저축성 보험은 '달러 자산', '비과세', '유연한 증여 설계'라는 매력으로 대안을 찾는 이들에게 강한 인상을 남기고 있습니다. 실제 국내 연금보험이 연 2%대에 머무는 반면, 홍콩보험은 동일 납입 조건에서 두 배 이상의 연금을 지급합니다. 예컨대, IBK 연금보험이 연 1,810만 원이라면, 홍콩보험은 연 3,900만 원을 지급하는 구조입니다.

출처: 조선일보, "강남 부자가 찾는 '홍콩보험' 정체는… 年 6~7% 안정적 수익"

이쯤 되자, 기획재정부도 입장을 내놓았습니다. 합법적인 절차를 거치면 해외보험은 비과세 혜택을 인정하겠다는 유권해석을 밝혔습니다. 단, 정식 절차를 통하지 않으면 과태료와 세무 리스크가 뒤따른다는 의미죠.

출처: 전자신문, "강남 부자 찾는다는 '홍콩보험'… 기재부 "불법 땐 비과세 적용 X""

결론적으로, 홍콩보험은 '의심'에서 '인정'로, 다시 '제도적 경고'까지 이어지는 여정을 걸어오고 있습니다. 하지만 분명한 것은, 그 높은 수익률과 자산관리 기능이 많은 이들에게 새로운 대안이 되고 있다는 점입니다. 단, 반드시 적법한 절차와 신뢰할 수 있는 채널을 통해 가입해야 하며, 무작정 남의 말만 믿고 접근해서는 안 됩니다. 결국 금융도, 정보도, '아는 만큼 안전하고, 준비한 만큼 유리한 것'이니까요.

> 제87장

30대~40대 직장인이 가입하면 노후에는 얼마나 받을 수 있을까요?

새로운 시대엔 새로운 노후 전략이 필요합니다. IRP, ISA, 퇴직연금… 많은 직장인들이 이미 다양한 절세계좌를 통해 은퇴 후의 생활비를 준비하고 있지만, 2024년부터 바뀐 과세제도로 인해 사정이 달라졌습니다. 특히 ISA와 개인·퇴직연금 계좌에서 해외펀드에 투자할 경우 적용되던 배당소득세 감면 혜택이 대폭 축소되면서, 그간 조용히 대안을 찾아온 사람들 사이에서 홍콩보험이 새롭게 떠오르고 있습니다.

그렇다면 실제로 30대 혹은 40대 직장인이 지금 홍콩보험에 가입하면, 은퇴 후 어떤 결과를 맞이하게 될까요? 두 명의 가상 인물, A씨와 B씨를 통해 시뮬레이션을 해 보겠습니다.

1. 30세 직장인 A씨의 사례

A씨는 30세. 배당소득세 감면 축소에 실망하고 새로운 해법으로 홍콩

의 저축성 보험에 주목했습니다. 그는 연간 1,200만 원씩 5년 동안 납입하는 방식으로 계약에 가입했습니다. 총 납입금은 6,000만 원이죠. 이 계약을 60세까지 유지하면, 예상 해지환급금은 약 3억 4,725만 원(USD 239,482)에 달합니다. 이후 매년 연금으로 2,030만 원(월 약 170만 원)을 수령할 수 있고, 이 수령은 100세까지 지속됩니다.

100세 시점에서의 누적 연금 수령액은 약 8억 1,200만 원(USD 560,000), 여기에 남아 있는 해지환급금까지 포함하면 총 14억 4,700만 원(USD 998,261)이라는 놀라운 수치를 보여 줍니다. 단순 수익률로 보면, 납입한 금액의 20배에 달하는 수익을 올리는 셈입니다.

2. 40세 직장인 B씨의 사례

B씨는 A씨보다 10년 늦게, 40세에 동일한 조건으로 보험에 가입했습니다. 그 역시 연간 1,200만 원씩 5년 납입, 총 6,000만 원을 납입했지만, 60세까지의 해지환급금은 약 1억 7,800만 원(USD 122,737)으로 절반에 가깝습니다. 60세부터 연금 수령을 시작하면, 매년 1,015만 원(월 약 85만 원)을 수령할 수 있으며, 100세까지의 누적 수령금은 약 9억 1,400만 원(USD 630,655)에 이릅니다. 수익률은 약 13배입니다.

30세 vs 40세 직장인 연금 비교(년 1만불 * 5년납, 60세 연금개시 경우)

	60세 해지환급금	60세 연금금액(년)	60세 ~100세까지 총 연금금액	100세 시점 해지환급금	100세 기준 총 수령금액	수익률
30세	약 3억 4,725만원 (USD 239,482)	약 2,030만원 (USD 14,000)	약8억 1,200만원 (USD 560,000)	약 6억 3,500만원 (USD 438,261)	약14억 4,700만원 (USD 998,261)	20배
40세	약1억 7,800만원 (USD 122,737)	약 1,015만원 (USD 7,000)	약4억 600만원 (USD 280,000)	약5억 800만원 (USD 350,655)	약9억 1,400만원 (USD 630,655)	13배

1 USD = 1,450 WON

3. A씨와 B씨의 차이는 어디서 비롯됐을까?

두 사람은 동일한 보험 상품, 동일한 납입금액과 기간을 선택했습니다. 차이는 단 하나, '시간'입니다. 10년이라는 시간의 차이가 복리의 마법을 통해 이렇게 큰 수령금액의 격차를 만들어 낸 것입니다. A씨는 60세부터 매월 170만 원을, B씨는 85만 원을 수령합니다. 또한 100세 기준 총 수령금액은 A씨가 약 14억 4,700만 원, B씨는 9억 1,400만 원으로 격차는 무려 5억 원 이상입니다.

이 사례가 보여 주는 핵심은 간단합니다. 복리는 시간의 친구이며, 기다린 만큼 보답해 준다는 사실입니다. 노후 준비는 하루라도 빨리 시작해야 그 효과를 극대화할 수 있습니다.

4. 현재 진행 중인 특별 프로모션

지금 이 보험사는 10% 프리미엄 할인 프로모션을 진행 중입니다. 원래는 연간 1만 달러씩 5년간 납입해야 하지만, 현재는 연간 9,000달러만 납입하면 동일한 효과를 제공합니다. 즉, 실제로는 총 4만 5,000달러만 납입하지만, 5만 달러를 납입한 것과 같은 적립 효과를 누릴 수 있는 것입니다. 장기적 관점에서 보면 이 10%는 수천만 원 차이로 이어질 수 있는 매우 큰 혜택입니다.

홍콩보험은 단순한 해외 저축이 아닙니다. 글로벌 통화인 달러 자산, 높은 복리 이자율, 예측 가능한 연금 구조, 그리고 무엇보다 시차가 곧 수익 차이가 된다는 확실한 데이터. 지금 30대라면, 지금 이 순간이 노후를 준비할 최적의 타이밍입니다. '조금 늦었다고 생각했을 때가 가장 빠른 때'라면, 당신의 노후는 지금 이 선택에 달려 있습니다.

제88장

중국 리스크, 홍콩보험엔 영향 없을까요?

"홍콩보험에 가입했는데, 혹시 중국 정부가 자산을 압류하면 어떻게 하죠?"

홍콩보험에 관심 있는 분들께서 자주 묻는 질문입니다. 최근 미중 갈등, 미국의 관세전쟁, 지정학적 불안정성 등의 뉴스가 자주 보도되다 보니, 자연스레 불안함을 느끼시는 것도 당연합니다. 하지만 결론부터 말씀드리자면, 중국 정부가 홍콩보험 가입자의 자산을 압류할 가능성은 거의 없습니다.

첫째, 홍콩보험 가입자의 자산은 홍콩에만 머물러 있지 않습니다. 고객이 납입한 보험료는 홍콩 현지에 보관되지 않고, 미국 국채, 유럽 채권, 글로벌 주식, 부동산 등 전 세계에 걸쳐 분산투자 됩니다. 다시 말해, 중국이 마음대로 통제하거나 압류할 수 있는 구조 자체가 아닙니다.

둘째, 미국과의 지정학적 견제 구도도 매우 중요한 요소입니다. 예를 들어 최근 러시아가 우크라이나를 침공한 이후, 미국은 러시아의 해외 자산을 동결했습니다. 유럽연합은 동결된 자산의 수익 일부를 우크라이나에 전달하기로 결정했죠. 이 상황을 지켜본 세계 각국의 지도자들은 한 가지를 분명히 깨달았을 것입니다.

"미국에게 등을 돌리면, 러시아처럼 될 수 있다."

현재 중국은 약 8,670억 달러(한화 약 1,158조 원) 규모의 미국 국채를 보유하고 있습니다. 만약 중국이 외국인 홍콩보험 가입자의 자산을 압류한다면, 미국은 어떻게 대응할까요?

"좋습니다. 그럼 우리도 그 국채, 안 갚겠습니다."

이 한 마디면 전 세계 금융시장에서 중국이 입을 타격은 말로 표현하기 어려울 정도입니다. 그만큼 중국은 홍콩보험 가입자의 자산을 함부로 건드릴 수 없습니다.

셋째, 홍콩보험은 단순히 중국 금융 상품이 아니라는 사실을 기억하셔야 합니다. 예를 들어, 1892년 청나라 말기에 설립된 캐나다계 보험사 S사는 130년 동안 홍콩에서 영업을 이어 왔습니다. 이 기간 동안 청나라 → 영국 식민지 → 일본 점령 → 다시 영국 → 현재의 중국까지 총 다섯 번의 통치 체제 변화를 겪었음에도, 해당 보험사는 단 한 번도 고객 자산에 위협을 받지 않았습니다.

그 이유는 단순합니다. 고객의 자산은 홍콩 내에 고립되어 있지 않고, 전 세계로 분산되어 운용되기 때문입니다. 그리고 글로벌 보험사들은 본사와 국제 회계기준에 따라 운영되며, 홍콩이라는 금융 허브에서 100년 이상 안정적으로 뿌리를 내리고 성장해 왔습니다.

정리하자면,

- 홍콩보험의 자산은 글로벌 분산 투자 구조로 중국 정부의 일방적인 압류가 어렵습니다.
- 미국과의 지정학적 힘의 균형으로 인해 중국의 무리한 개입은 오히려 역풍을 맞을 가능성이 큽니다.
- 130년 동안 한 지역에서 다섯 차례의 정권 변화 속에서도 살아남은 보험사가 그 안정성을 증명하고 있습니다.

보험은 단순한 수익률만으로 평가할 수 없습니다. 지속성, 생존력, 그리고 글로벌 신뢰도가 핵심입니다. 지금까지 수많은 위기 속에서도 살아남은 홍콩보험의 역사는, 바로 그 신뢰를 보여 주는 가장 강력한 증거입니다. 결론적으로 말씀드리자면, 중국 리스크는 걱정하지 않으셔도 됩니다.

제89장

홍콩보험 사기 유형, 어떤 게 있나요?

홍콩보험은 고수익, 외화 자산, 상속과 증여 설계의 유연성으로 많은 분들의 관심을 끌어왔습니다. 그러나 그 인기만큼 사기 또한 진화해 왔습니다. 실제로 홍콩 보험감독국과 언론이 밝힌 사례들을 보면, 그 수법은 매우 다양하며 점점 정교해지고 있습니다. 지금부터 홍콩보험에서 실제 발생한 사기 유형들을 짚어 보며, 우리가 어떤 점을 경계해야 하는지 살펴보겠습니다.

가장 먼저 등장한 사기 유형은 보험사 이름을 도용한 피싱 문자와 이메일입니다. "보험이 곧 해지됩니다", "갱신이 필요합니다"라는 문구로 유도한 뒤, 링크를 클릭하게 해 개인정보와 카드 정보를 빼내는 전형적인 수법이죠. 최근에도 푸르덴셜, FWD, AIA 등의 보험사 이름을 도용한 피싱 사례가 잇따라 보고되고 있으며, 홍콩 보험감독국(IA)은 이러한 피싱에 대한 소비자 경보를 정기적으로 발령하고 있습니다.

두 번째는 허위 보험 계약 및 불법 중개입니다. 예를 들어, 한 중개인이 고객 몰래 허위 정보를 입력해 가공의 계약을 체결하거나, 아예 존재하지 않는 보험 상품을 판매한 사례도 있었습니다. 실제로는 보험사와 아무 계약도 맺지 않았음에도 불구하고 '보험 가입 완료'라며 허위 서류를 제공한 경우입니다. 2023년에는 13명의 보험설계사가 조직적으로 고객 정보를 도용해 약 90억 원에 달하는 허위 보험을 판매한 사건이 밝혀지기도 했습니다. 이들은 자격 정지, 형사처벌 등 중대한 제재를 받았습니다.

세 번째는 보험금 위조 청구입니다. 암 환자인 척 허위 진단서를 꾸미거나, 사망자 행세를 해 사망보험금을 타 내려 한 사례까지 있었습니다. 이 경우 대개 보험설계사와 가입자가 공모하는 경우가 많고, 한두 번의 연극이 아닌 치밀한 준비 끝에 범행이 이루어졌습니다. 그러나 대부분 보험사와 IA의 정밀심사에 걸려 결국 유죄판결을 받고 실형을 선고받았습니다.

또 하나 주의할 유형은 '탈세 가능'이라는 허위 광고입니다. 일부 중개인들은 "홍콩보험은 세금이 없다", "국내 신고할 필요 없다"며 소비자를 유혹합니다. 하지만 이런 말은 절반의 진실에 불과합니다. 역외보험은 '적법한 절차'로 가입한 경우에만 비과세 혜택이 주어지며, 불법적인 방식으로 가입할 경우 증여세, 과태료, 세무조사 등의 리스크가 따라옵니다. 금융감독원과 국세청은 실제로 편법 증여나 불완전판매에 대해 강도 높은 단속을 진행 중이며, 고액 가입자 중 일부는 탈세 혐의로 과세를 당한 바 있습니다.

정리하자면, 지금까지 밝혀진 홍콩보험 사기 유형은 다음과 같습니다.

- 보험사 이름 도용 피싱 메시지

- 허위 보험계약 및 유령상품 판매
- 진단서·사망증명 위조를 통한 보험금 사취
- 세금 면제 과장광고와 불법 환치기

이 모든 사례가 우리에게 주는 교훈은 단 하나입니다. 보험의 핵심은 신뢰이며, 이 신뢰는 '공식적인 절차'와 '투명한 정보 공개'에서 비롯됩니다. 보험은 평생을 지켜 줄 자산의 뿌리입니다. 누군가의 과장된 말 한마디, 지나치게 좋은 조건 하나에 혹해 소중한 자산을 잃는 일이 없도록, 반드시 공인된 경로를 통해 가입하고, 모든 계약서와 거래내역을 본인이 직접 확인하는 습관을 가지시길 바랍니다. 이 작은 습관이 수십 년 뒤, 당신의 자산을 지켜 주는 첫 방패가 될 것입니다.

제90장

자산 분산 전략으로 홍콩보험은 유효한가요?

자산을 한 바구니에 담지 말라는 말은 투자 세계에서 너무도 흔한 격언입니다. 그렇다면 '다른 바구니'로서 홍콩보험은 과연 유효한 선택일까요? 결론부터 말하자면, 그렇습니다. 특히 한국 내에서 금융 불확실성과 제도 변화가 이어지는 지금, 홍콩보험은 자산을 다층적으로 분산할 수 있는 실질적 도구로 떠오르고 있습니다.

먼저, 홍콩이라는 금융 플랫폼 자체가 갖는 위상을 짚어 보아야 합니다. 아시아 금융 허브로서의 지위를 공고히 해 온 홍콩은, 스위스를 잇는 글로벌 자산운용 중심지로 성장하고 있습니다. 홍콩을 통해 분산되는 자산은 단순히 현지에 머물지 않습니다. 미국, 유럽, 아시아 주요 시장에 걸쳐 다각화된 포트폴리오로 운영됩니다. 다시 말해, 홍콩보험은 가입 순간부터 '전 세계 투자'가 시작되는 셈입니다.

또한, 홍콩보험은 중국 리스크를 어느 정도 흡수하며 분산 효과를 누릴 수 있는 안전장치로 기능합니다. 실제로 중국 본토 투자자들은 위안화 가치 하락과 자본 통제를 회피하기 위해 홍콩보험을 적극적으로 활용하고 있습니다. 2023년 1분기, 중국인이 가입한 홍콩 역외보험 신규 계약 건수는 전년 대비 2,600% 가까이 증가했습니다. 그들이 왜 '홍콩'이라는 우회로를 택했는지는, 우리에게도 시사하는 바가 큽니다.

무엇보다 중요한 건, 홍콩의 보험사는 고객 자산을 자체 자금과 엄격히 분리해 운용하도록 법적으로 의무화돼 있다는 점입니다. 이는 전 세계적으로 금융 선진국에서나 볼 수 있는 구조로, 설령 보험사가 위기에 처하더라도 고객 자산은 별도로 안전하게 보호받을 수 있는 시스템입니다.

실제 글로벌 보험사들은 팬데믹 이후에도 홍콩 내 신규 비즈니스가 오히려 증가하고 있습니다. 최근 2025년 1분기 신규 비즈니스 가치가 전년 대비 13% 증가했다고 발표했습니다. 이는 보험 시장의 신뢰도와 안전성에 대한 시장의 확실한 답변이기도 합니다.

물론, 홍콩보험이 만능은 아닙니다. 환율 리스크, 금리 변동성, 기초자산 수익률 등 글로벌 변수가 영향을 미치는 만큼, 자산 전체를 집중하는 것은 바람직하지 않습니다. 그러나 적절한 규모로 홍콩보험을 포함시키는 것은 자산 포트폴리오의 안정성과 장기 수익률 측면에서 매우 전략적인 선택이 될 수 있습니다.

요컨대, 홍콩보험은 단지 수익률이 높은 저축보험이 아니라, 글로벌 자산 분산 전략의 핵심이 될 수 있는 금융 도구입니다. 지금이야말로, 눈을 국내가 아닌 글로벌로 돌려야 할 때입니다. '어디에 얼마나 분산시킬 것인가'가 미래를 결정짓는 시대이기 때문입니다.

제91장

블로그나 유튜브 정보는 믿어도 될까요?

홍콩보험을 처음 접하는 분들에게 블로그나 유튜브는 입문 단계에서 전반적인 개요를 파악하는 데 유용한 도구입니다. 보험의 구조, 장단점, 가입 방식 등 복잡한 내용을 비교적 쉽게 설명해 주기 때문에, 2~3개의 SNS 채널을 병행해 정보를 습득해 보는 것도 좋은 출발점이 될 수 있습니다. 그러나 그 정보를 무비판적으로 받아들이는 것은 위험할 수 있습니다.

특히 가입을 진지하게 고려하는 단계에 들어서면, 단순한 소개나 광고성 콘텐츠를 넘어선, 실제 경험이 담긴 정보를 선별해야 합니다. 콘텐츠를 제작한 사람이 해당 보험을 실제로 직접 가입해 송금해 보았는지, 보유하면서 어떤 특장점과 불편함을 느꼈는지, 배당은 예정대로 지급되고 있는지, 실제로 인출해 본 경험이 있는지, 외화 또는 원화로 수령해 본 적이 있는지 등을 구체적으로 확인할 필요가 있습니다.

이쯤에서 한 가지 생각해 볼 점이 있습니다. 주식 종목을 권유하는 사람들 중에, 정작 본인이 투자해서 돈 벌었다는 사람, 실제 수익 인증하는 사람을 본 적이 있나요? 정말 좋은 종목이라면 혼자만 알고 투자하는 게 훨씬 유리하지 않을까요? 보험도 마찬가지입니다. 정말 좋은 상품이라면, 그것을 권유하는 사람은 반드시 본인도 가입하고 있어야 합니다. 스스로 가입할 마음이 없는 상품을 타인에게 추천한다면, 그 동기를 의심해 볼 필요가 있습니다.

결국 가입 여부를 결정하는 마지막 순간에는 '정보'가 아니라 '검증된 경험'이 기준이 되어야 합니다. 누가 말했느냐보다 중요한 건, 그 사람이 직접 해 봤느냐입니다. 이것이야말로 가장 강력한 신뢰의 조건입니다.

제92장

계약서 사본을 분실했을 땐?

홍콩보험에 가입한 후, 수년이 지나 계약서 사본을 분실하는 일이 생기는 경우가 드물지 않습니다. 특히 장기계약이 많은 저축성 보험의 특성상, 수십 년 뒤에 보험금을 청구하려고 보니 서류가 사라졌다는 문의도 종종 있습니다. 그렇다면 계약서가 없으면 어떻게 해야 할까요?

우선, 너무 걱정하실 필요는 없습니다. 보험계약서 원본은 보험사 내부 시스템에 안전하게 보관되어 있으며, 고객 요청 시 사본을 언제든지 재발급받을 수 있습니다. 홍콩의 보험사는 모두 보험감독국의 규제를 받으며, 고객 정보와 계약 내역을 전산으로 보관하는 것이 의무입니다.

사본 재발급을 원할 경우, 일반적으로는 가입 당시 사용한 이메일, 이름, 생년월일, 여권번호 등 기본적인 정보만으로 본인 확인이 가능하며, 필요시 신분증과 서명을 다시 제출해야 할 수 있습니다. 보험사에 직접 이메일로 문의하거나, 가입 당시 도와준 판매사를 통해 요청하면 비교적 신속하게 처리됩니다.

만약 이메일 계정도 변경되어 소통이 어려운 상황이라면, 보험사 공식 홈페이지나 고객센터를 통해 직접 연락을 취하는 것이 좋습니다. 대부분의 보험사는 고객 전용 포털이나 모바일 앱을 통해 계약 현황, 납입 내역, 예상 환급금, 계약서 사본 등을 확인 및 다운로드 받을 수 있는 서비스를 제공하고 있습니다.

이처럼 계약서 사본을 분실하더라도 걱정할 필요는 없습니다. 중요한 것은 계약 자체가 존재하고, 보험사 내부에 안전하게 기록되어 있다는 사실입니다. 혹시 모를 상황에 대비해, 보험 가입 직후에는 이메일 보관함을 별도로 정리해 두고, 계약 사본을 안전한 클라우드나 외부 저장장치에 백업해 두는 습관도 필요하겠습니다.

제93장

한국인의 99%는 모르는
홍콩보험 인출의 숨겨진 진실은?

홍콩보험을 제대로 활용하고 싶으신가요?

그렇다면 이 장부터가 진짜 시작입니다. 많은 분들이 '가입만 하면 끝'이라고 생각하지만, 홍콩보험의 진정한 가치는 바로 인출 전략에서 드러납니다.

저는 지난 몇 년간, 아내의 친척을 비롯해 홍콩과 중국 본토에 거주하는 지인들까지 다양한 실제 가입자들의 사례를 모아 분석해 왔습니다. 그런데 한 가지 흥미로운 사실이 있었습니다. 주변에 홍콩보험을 가입한 사람은 많은데, 정작 인출을 한 사람은 거의 없다는 것. 왜일까요? 그 이유는 간단합니다. 대부분의 가입자들이 예정대로 배당을 잘 받고 있기 때문에, 굳이 당장 인출할 필요를 느끼지 못하기 때문입니다. 하지만 여러분, 보험은 '가입'이 아니라 '인출'부터가 진짜입니다.

그래서 홍콩보험을 200% 활용하는 인출 전략과 실전 꿀팁을 알려 드리겠습니다.

먼저, 흔한 오해부터 짚고 넘어가야겠죠. "홍콩 저축성 보험은 단순한 장기 투자다?" 아닙니다. 이 상품의 본질은 '인출 전략을 전제로 한 구조'에 있습니다. 실제 사례를 보겠습니다.

2013년 2월, 한 중국 지인은 매년 35,589달러씩 5년간 총 177,946달러를 납입했고, 9년 뒤 수익률은 무려 109%. 같은 해 12월, 또 다른 가입자는 총 368,800달러를 납입하고 103%의 수익을 올렸습니다. 두 사람 모두 가입설계서대로 배당을 받았고, 목적에 따라 인출을 전략적으로 실행했습니다.

출처: P보험사, 2013년 2월 23일 가입한 저축보험 적립금 내역

출처: P보험사, 2013년 12월 13일 가입한 저축보험 적립금 내역

이들이 선택한 전략은 세 가지였습니다.

첫째, 부분 인출 전략. 보험금을 한 번에 빼지 않고 일정 기간에 걸쳐 계획적으로 인출하면서, 원금은 유지된 채 배당을 지속적으로 누릴 수 있었습니다.

둘째, 절세 전략. 홍콩보험의 가장 큰 장점인 '세금 비과세 구조'를 활용해, 실질 수익률을 극대화했습니다.

셋째, 환율 전략. 달러 기반 상품의 특성을 살려 환율이 유리한 시점에 인출함으로써, 실제 체감 수익률까지 끌어올렸습니다.

그렇다면 한국인은 왜 이런 전략을 놓치고 있을까요? 그 이유는 간단합니다. 홍콩보험 직구 역사는 고작 10년 남짓. 아직 인출을 경험한 1세대가 거의 없기 때문입니다.

그래서 지금부터 알려 드립니다.

한국 가입자가 꼭 알아야 할 실전 인출 꿀팁 세 가지.

첫째, 인출 전에 반드시 가입 당시 받은 해지환급금 테이블을 확인하세요.

둘째, 환율이 불리한 시기에는 급하게 인출하지 말고, 장기적 계획을 세우세요.

셋째, 혼자 결정하지 마시고, 진짜 전문가와 함께 전략을 점검하세요.

작은 차이가 수천만 원의 격차를 만들어 냅니다. 홍콩보험은 '가입'이 아닌 '인출'에서 진짜 가치가 시작됩니다.

> **제94장**

주택연금 vs 홍콩보험, 어떤 걸 선택해야 할까요?

은퇴 후, 남은 자산이 아파트 한 채뿐이라면 우리는 그 집을 어떻게 바라봐야 할까요? 마침내 내 이름으로 된 부동산이지만, 연금도 없고 현금 흐름도 막막한 상황에서 그것은 버팀목일까요, 족쇄일까요? 그런데 은퇴 후 연금은 부족하고, 생활비가 걱정된다면—그 집 한 채, 어떻게 활용하실지 고민되시지요?

노후 준비의 대안으로 많은 분들이 선택하시는 것이 바로 주택연금입니다. 국가가 보증하고, 종신 지급된다는 점에서 안정감은 분명합니다.

예를 들어, 시가 17억 원짜리 아파트를 기준으로 공시지가 12억 원이 연금으로 책정된다면, 만 60세부터 매달 약 237만 원을 수령하실 수 있습니다. 100세까지 받게 되는 총액은 약 11억 4천만 원. 하지만 이 제도는 구조적으로 상속 자산이 남지 않으며, 그 집은 더 이상 가족에게 돌아가지 않습니다.

일반주택
(종신지급방식, 정액형) (단위: 천원)

연령	주택가격											
	1억원	2억원	3억원	4억원	5억원	6억원	7억원	8억원	9억원	10억원	11억원	12억원
55세	145	291	436	582	728	873	1,019	1,164	1,310	1,456	1,601	1,747
60세	198	396	594	791	989	1,187	1,385	1,583	1,781	1,979	2,177	2,375
65세	240	480	720	960	1,201	1,441	1,681	1,921	2,162	2,402	2,642	2,882
70세	295	591	886	1,182	1,478	1,773	2,069	2,365	2,660	2,956	3,251	3,278
75세	370	740	1,111	1,481	1,851	2,222	2,592	2,962	3,333	3,538	3,538	3,538
80세	474	949	1,424	1,898	2,373	2,848	3,322	3,797	3,939	3,939	3,939	3,939

출처: 한국주택금융공사

반면, 같은 아파트를 매각한 뒤 홍콩 저축성 보험에 12억 원을 투자하시고, 별도로 5억 원을 전세 보증금으로 활용하신다면, 전혀 다른 결과가 펼쳐집니다. 서울 서초동 기준 보증금 5억 원에 월세 150만 원으로 주거를 해결하신다면, 보험에서는 만 60세부터 매달 약 617만 원, 연 5,288만 원의 연금이 지급됩니다. 100세까지 수령 시 총액은 약 29억 6천만 원이며, 무려 10억 7,500만 원의 상속 자산도 남게 됩니다.

같은 원금, 다른 전략. 주택연금은 안정적인 수령이 장점이지만, 매달 받는 금액이 작고 자산의 '소멸형' 구조로 인해 가족에게 남기는 것이 없습니다. 반면, 홍콩보험은 수익성과 상속 가능성, 그리고 유연한 인출 전략까지 갖춘 능동적인 노후 자산 관리 방식입니다.

물론 두 선택 모두 정답일 수 있습니다. 노후를 조용히 지내고자 하신다면, 주택연금이 적합할 수도 있고, 자산을 좀 더 적극적으로 활용하고 다음 세대를 고려하신다면, 홍콩보험이 더 나은 선택이 될 수 있습니다.

중요한 것은 한 가지입니다. "내가 가진 자산을 어떻게 써야, 내 삶과

	한국 주택연금 (역모기지론)	홍콩 저축보험 (역모기지론)
적립 금액 (주택가격)	12억원	
연금지급방식	종신지급(정액형)	
연금 개시	60세	
월 수령액	약 237.5만원	약 617만원 ($52,880/년)
100세까지 연금 총 수령금액	11억 4,000만원	29억 6,100만원
100세 시점 상속자금	0원	10억 7,500만원 ($767,893)
총 수령금액	11억 4천만원	40억 3,600만원

$1 = ₩1,400

한국 주택연금 vs 홍콩 저축보험 비교

가족에게 가장 좋은가?"

이 질문에 답하실 수 있어야 합니다. 아파트는 단순한 거주 공간이 아니라, 당신의 인생을 설계할 수 있는 마지막 기회일 수 있습니다. 그 가능성을 놓치지 마십시오. 당신의 선택이, 노후의 삶의 질을 결정짓습니다.

> 제95장

홍콩의 주요 보험사와 상품은?

 2024년 12월 31일 기준, 홍콩에는 총 157개의 보험회사가 영업 중입니다. 이처럼 많은 보험사 가운데 모든 상품을 일일이 비교하고 분석하는 것은 사실상 불가능에 가깝습니다. 그래서 이 장에서는 한국인 가입자들이 실제로 많이 선택하는 오래된 글로벌 보험사 네 곳과, 현지 기반의 대표적인 홍콩 보험사 한 곳, 이렇게 다섯 곳을 중심으로 살펴보려 합니다.
 이들 보험사는 단순히 이름만 알려진 기업이 아닙니다. 각자의 본사 철학과 상품 전략, 그리고 시장에서의 역할이 뚜렷하며, 저마다 다른 방식으로 자산을 설계하고, 보장하고, 다음 세대로 이어 주는 구조를 지니고 있습니다. 우선, 홍콩이라는 도시는 단순한 보험 소비 시장이 아닙니다. 보험을 통해 글로벌 자산이 이동하고, 미래 세대를 위한 유산이 설계되는 플랫폼입니다. 이 플랫폼 위에서 활동 중인 대표 보험사들을 제대로 이해하는 일은, 단지 보험을 하나 선택하는 차원을 넘어, 나의 자산 철학을 구체화하는 실천으로 이어지게 됩니다.

Generali, AXA, Sun Life, Chubb—모두 100년 이상의 역사를 가진 세계적 보험사이며, 그 상품은 단지 수익률이나 납입 조건만으로 설명되지 않습니다. 각 보험사는 유럽, 북미, 아시아 각지의 자산 운용 철학을 담아, 보험이라는 틀 안에 보장, 저축, 유산 이전이라는 기능을 입체적으로 녹여내고 있습니다. 그리고 마지막으로 소개할 CTF Life는 홍콩 로컬 브랜드이자, 자산가층과 법인 고객을 아우르는 현지 기반의 전략적 보험사입니다. 글로벌 보험사들이 제공하지 못하는 지역 밀착형 설계와 법인 구조 최적화에 있어 뛰어난 강점을 보입니다.

중요한 점은, 보험 상품을 선택할 때 단지 수익률만을 기준으로 삼아서는 안 된다는 것입니다.

누구를 위한 구조인지, 어떤 방식으로 인출과 상속이 가능한지, 또 나의 재무 목표에 어떤 순서로 맞춰 활용할 수 있는지가 더 중요합니다.

보험은 단지 '돈을 넣는 통장'이 아닙니다. 삶을 설계하고, 다음 세대로 가치를 전하는 하나의 구조이자 전략입니다. 그 구조를 어떤 이름 위에, 어떤 방식으로 설계할지—그 선택은 이제 당신의 몫입니다.

보험사별 저축보험 비교표

보험사	설립연도/ 홍콩 진출	대표 저축상품	주요 특징
AXA	1817년 / 1986년	FortuneXtra	프랑스 1위 보험사. 유연한 납입 구조와 배당.
Chubb	1882년 / 1930년대	MyLegacy V Blossom	미국 손해보험 1위. 고정 복리+ 유연한 인출 설계 강점.
CTF Life	1985년 / 홍콩 설립	MyWealth Savings	홍콩 전통 재벌 계열. 법인 가입 가능. 맞춤형 유산 설계.
Generali	1831년 / 1981년	LionAchiever Elite	이탈리아 1위 보험사. 2년납 상품, 3년 내 원금 도달 가능.
Sun Life	1865년 / 1892년	SunJoy Global, SunGift Global	캐나다 1위 보험사. 모바일 앱으로 인출 신청 가능. 노후·연금 설계에 강점.

> **제96장**

일본인은 홍콩보험을 어떻게 바라보나요?

홍콩의 보험 상품을 둘러싼 시선은 나라마다 다릅니다. 같은 아시아권이라 해도, 접근법과 태도는 전혀 다릅니다. 수입보험료 기준으로 전 세계에서 7위에 해당하는 한국, 그리고 중국, 일본, 대만은 모두 제조업 기반의 경제를 이끌고 있는 아시아의 핵심 국가들입니다. 하지만 공통적으로 약한 한 축이 있습니다. 바로 금융입니다. 금융 강국으로 분류되는 미국이나 유럽 국가들과는 달리, 이들 아시아 국가는 금융 경쟁력이나 자산운용에 있어 상대적으로 뒤처져 있는 것이 현실입니다. 그렇다면, 금융에 취약한 일본 사람들은 홍콩의 금융상품, 특히 보험을 어떻게 바라보고 있을까요? 일본은 이미 20년 전부터 장기 저금리의 늪에 빠져 있었습니다. 이때, 일부 민감하고 준비된 일본인들은 해외금융 상품에 눈을 돌리기 시작했습니다. 그중에서도 특히 집중된 대상이 홍콩의 보험이었습니다. 일본인의 특징 중 하나는 무언가를 파고들 때 끝까지 파는 기질입니다. 단순히 "좋다더라"가 아니라, 그것이 진짜인지 아닌지, 구조는 어떻게 짜여 있는지, 수익은 실제로 지급되는지까지 철저히 검토하며 접근해 왔습니다. 그 결과, 2000년대 초부터 홍콩보험은 일본에서 하나의 성숙한 시장으로 자리 잡았습니다. 많은 일본인들이 실제로 가입했고, 일부는 그 보험으로 노후를 보내고 있는 상황입니다. 비록 야후재팬 등 공식 포털에서 정확한 가입자 수치를 찾긴 어렵지만, 검색 결과나 기사 양상만 보아도, 홍콩보험에 대한 관심과 신뢰도가 높다는 것을 체감할 수 있습니다.

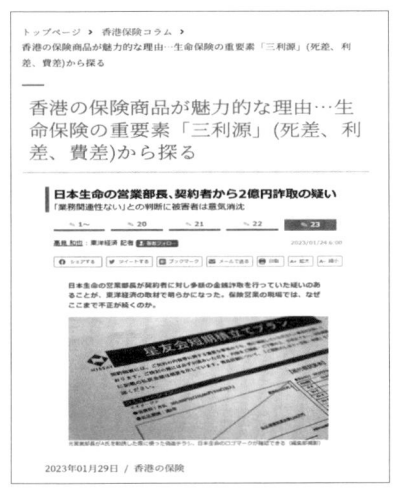
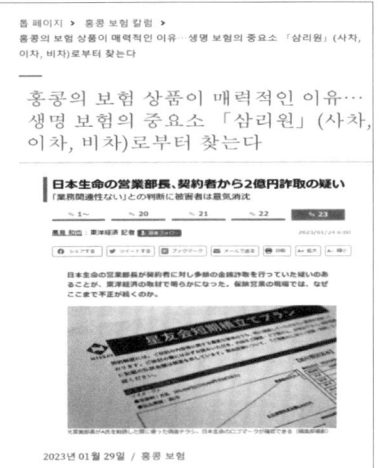

실제로 일본 현지 기사들은 예정사망률, 예정이율, 예정사업비 등 보험료를 구성하는 기준 요소를 홍콩과 일본 보험사 간에 비교하며, 홍콩 상품이 객관적으로 우월하다는 점을 수치로 설명합니다.

또한 일부 상품은 가입자 거주 국가에 따라 연금 수령 통화를 파운드, 캐나다 달러 등으로 변경할 수 있는 기능을 갖추고 있어, 홍콩보험만의 차별화된 유연성을 보여 주기도 합니다.

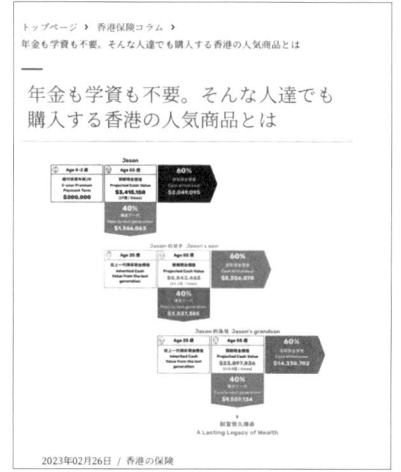
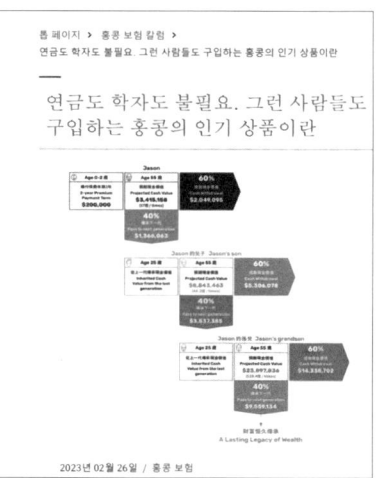

심지어는 채권 투자자들조차도 홍콩보험을 투자 대안으로 바라보고 있습니다.

실제로 2020년 11월, 한 홍콩보험사는 2.3%의 확정 수익률을 보장하는 5년 만기 상품을 출시했는데, 수주 내에 판매가 조기 마감될 정도로 큰 자금이 몰렸습니다. 그 배경에는 보험사의 신용등급이 일반 기업보다 높다는 점이 작용했고, 채권 시장에서 대체 투자처로 떠오른 셈입니다.

물론 일본에서도 홍콩보험의 단점은 명확히 지적합니다. 가입 초기에 해약하면 환급금이 없으며, 자산이 불어나는 데 시간이 걸린다는 점은 반복적으로 언급됩니다. 하지만 이런 단점조차도 "시간을 기다릴 줄 아는 투자자에게는 장기적으로 의미 있는 자산 증식이 가능하다"는 논리로 이어집니다.

이와는 대조적으로, 한국 사회에서는 아직도 "해외보험은 사기", "가짜 금융"이라는 막연한 불신이 강합니다. 언론은 제대로 된 비교 없이 '위험하다'는 분위기를 조장하고, 많은 사람들은 그 정보조차 검증 없이 수용합니다.

   하지만 일본은 달랐습니다. 의심은 철저히 하되, 확인되면 조용히 실행에 옮긴 나라. 그 결과, 지금도 많은 일본인들이 홍콩보험을 통해 자산을 축적하고, 노후를 설계하며, 유연한 통화 옵션으로 글로벌 연금을 받고 있는 중입니다. 단순히 정보가 없어서가 아니라, 정보에 접근하려는 태도가 달랐던 것입니다. 홍콩보험을 보는 일본인의 시선은, 우리에게도 하나의 거울이 되어 줄 수 있습니다.

(제97장)

중국인은 홍콩보험을 어떻게 바라보나요?

　홍콩보험을 둘러싼 시선을 논할 때, 중국만큼 흥미로운 사례도 드뭅니다. 금융 인프라가 미흡한 아시아 국가 중에서도, 중국은 독특한 시각과 행동 양식을 보여 주는 나라입니다. 이 장에서는 본토 중국인들이 홍콩의 보험상품을 어떻게 인식하고 활용해 왔는지, 그 배경과 의미를 들여다보려 합니다.

　중국은 자본주의보다 더 자본주의적이라는 평가를 받는 사회주의 국가입니다. QR코드로 구걸하고, 어디든 돈이 모이는 곳에는 늘 중국인이 있다는 농담처럼, 금융 상품을 대하는 태도 역시 치밀하고 현실적입니다. 중국인들이 홍콩보험에 관심을 가지기 시작한 시점은 결코 최근이 아닙니다. 이미 30년 전부터 본토 고객들은 홍콩으로 건너가 보험에 가입하기 시작했습니다.

　2013년 기사에 따르면, 과거에는 금, 분유, 명품이 홍콩 방문의 주요 목적이었지만, 이제는 보험이 그 자리를 차지하고 있다고 전합니다. 당시 보험 계약 건수는 매년 50% 이상 급증했고, 본토인이 홍콩에서 신규 가입한 보험료 규모는 2008년 5.4%에서 2012년 12.8%까지 치솟았습니다. 지금 이 순간에도 많은 중국인들은 홍콩보험을 '반드시 사야 할 재테크 필수템'으로 인식하고 있습니다.

출처: 뉴스핌, "홍콩보험, 본토 중국인들의 인기 상품 등극"

왜일까요?

홍콩보험의 매력은 단지 수익률 때문만은 아닙니다. 가장 큰 이유는 정부의 간섭으로부터 자유롭다는 점, 그리고 보험금 지급이 투명하고 확실하다는 점입니다. 본토 보험은 아무리 수익률이 높아도, "내 돈이 내 돈이 아닐 수 있다"는 불안감을 완전히 해소해 주지 못합니다. 반면 홍콩은 국제 기준에 맞춘 금융 시스템과 글로벌 수준의 지급 능력, 그리고 외화 자산 운용의 자유로움이 결합되어 있어 자산 보존과 이전, 수익 창출까지 아우르는 1석 3조의 플랫폼으로 여겨집니다. 실제로 홍콩보험의 보험료는 중국 본토보다 저렴하면서, 보장 범위는 더 넓고, 다양한 외화 통화 선택이 가능합니다. 교육자금, 은퇴 설계, 환차익 전략, 상속 설계까지— 다층적 목적을 가진 중국인들에게 홍콩보험은 단지 상품이 아니라 전략입니다.

최근에는 코로나로 인해 막혀 있던 홍콩-중국 본토 간의 인적 교류가 회복되면서, 보험 가입을 위해 홍콩을 찾는 본토 방문객도 급증하고 있습니다. 2023년 조사에 따르면, 1,000명의 중국인 중 47%가 코로나 이후 해외 보험 가입 의사를 밝혔고, 그중 약 3분의 2는 1년 내에 실질적으로 가입할 계획이 있다고 답했습니다. 흥미로운 비유가 있습니다.

홍콩보험은 중국인들에게 '홍콩의 특산품'처럼 여겨진다는 이야기입니다. 예전 한국에서도 일본 여행을 다녀오면 반드시 코끼리 전기밥솥을 들고 오던 시절이 있었죠. 그 시절을 떠올리게 하는 풍경이 오늘날 홍콩에서 반복되고 있습니다. 중국인들은 홍콩에 가면 전기밥솥 대신 보험을 사 옵니다. 이처럼 보험이 특정 지역의 '필수 구매 리스트'에 오른다는 것은 그 상품이 단지 실용성을 넘어 신뢰와 가치의 상징이 되었다는 뜻입니다. 그리고 지금, 그 유행은 점점 한국인에게도 다가오고 있습니다. 홍콩 여행을 계획 중이라면, 금액이 아니라 철학으로 만들어진 이 특산품을, 한 번쯤 진지하게 살펴보실 때가 아닐까요?

제98장

대만인은 홍콩보험을 어떻게 바라보나요?

아시아의 금융 환경을 논할 때, 대만 역시 빼놓을 수 없는 중요한 사례입니다. 그들은 어떻게 해외금융 상품을 바라보고 있을까요? 그리고 왜 많은 대만인들이 홍콩보험에 주목하고 있는 걸까요?

대만도 일본과 마찬가지로 20년 전부터 저금리 기조 속에 놓여 있었습니다. 예금은 더 이상 돈을 불려 주지 않았고, 물가는 오르는데 수익은 제자리였습니다. 이런 환경 속에서 현명한 소비자들은 다른 가능성을 모색하기 시작했습니다. 그 방향이 바로 홍콩의 금융 상품, 특히 저축성 보험이었습니다.

정보 접근성도 달라졌습니다. 인터넷과 스마트폰 덕분에 홍콩보험에 대한 실시간 정보가 대만까지 즉시 도달하게 되었고, 그에 따라 '홍콩에서 보험을 사는 방법', '주의사항', '장단점' 등을 다룬 수많은 칼럼과 가이드가 온라인을 통해 퍼졌습니다. 대만 사람들은 투자에 앞서 환율 위험과 청구 위험, 세금 문제, 계약 해지 시점까지 꼼꼼히 따져 봅니다. 그리고 난 뒤 객관적인 우위가 있다고 판단되면, 그에 대해 행동으로 응답합니다.

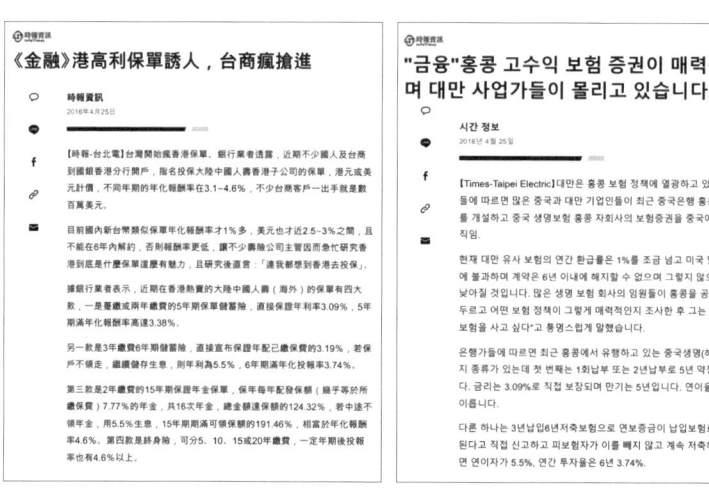

실제로, 대만 현지 기사들에 따르면 홍콩의 고수익 보험상품은 이미 대만 자산가들에게 널리 알려진 기회입니다. 보험회사 임원들부터 시작해, 치과의사, 변호사, 중소기업 CEO까지 전문직 중심으로 단체 가입 열풍이 일고 있으며, "도대체 어떤 보험이기에 저렇게들 몰리는가?"라는 궁금증이 새로운 수요를 낳고 있습니다.

대만에서는 달러 표시 투자보험, 금리변동형 보험, 연금보험 등이 특히 인기를 끌고 있습니다.

한 칼럼은 이렇게 묻습니다. "벤츠를 사고 싶다면 대만에서 삽니까, 독일에서 삽니까? 다이아몬드는 대만입니까, 남아프리카입니까? 명품 가방은 대만에서 사시겠습니까, 아니면 프랑스에서 사시겠습니까?" 이 질문

은 단순한 소비가 아니라 '보험'이라는 금융 상품에 대한 본질적인 물음을 던지고 있습니다.

　당신이 모르는 사이에, 같은 돈으로 더 낮은 보장, 더 높은 보험료를 감수하고 있지는 않은지요? 실제로 많은 부유층은 이미 해외에서 자산을 운용하며, 동일한 금액으로 더 큰 보장을 받고 있습니다. 이것은 단지 재력의 차이가 아니라 정보 접근의 차이에서 비롯된 결과입니다. 한 대만 필자는 이렇게 말합니다. "정보는 넘쳐나지만, 대만은 아직도 폐쇄적입니다. 그 속에서 사람들은 오직 보험설계사에게만 의존해 상품을 선택합니다. 그러니 부자들은 옥석을 골라 해외에서, 가난한 사람들은 정보 없이 국내에서 가입하게 됩니다." 정보는 평등하지 않다는, 날카로운 통찰입니다.

　흥미롭게도, 한 대만 아버지는 중학교 2학년 아들에게 같은 질문을 던졌다고 합니다.

　"벤츠, 다이아, 명품을 산다면 어디서 사겠냐?" 아이의 대답은 독일, 남아프리카, 프랑스. 이유는 단순했습니다. "왠지 본고장에서 사면 더 믿을 수 있고, 더 싸게 살 수 있을 것 같아서요."

이처럼 아직 어리다고 여겨지는 청소년조차 원산지와 구조에 대한 감각을 갖고 있는 시대입니다. 그렇다면 우리는 보험에 대해서는 왜 여전히 '국내'라는 익숙함 안에서만 선택하고 있는 걸까요?

대만에서는 이미 홍콩보험이 하나의 투자 문화로 자리 잡았습니다. 온라인에는 홍콩보험을 구매하는 방법, 비교 포인트, 환율 전략 등이 정리된 자료가 넘쳐나고, 실제 구매자들의 후기와 팁도 활발히 공유되고 있습니다. 단순한 유행이 아닌, 정보 기반 위에 안정적으로 형성된 해외금융 직구 시장으로 평가받고 있는 이유입니다.

저금리가 가져온 변화. 그 흐름 속에서 대만은 더 멀리 보고, 더 많이 질문하고, 더 빠르게 움직였습니다. 그리고 그들은 이미 알고 있습니다. 보험도 수입할 수 있는 시대, 좋은 보험은 '가까운 곳'이 아니라 '올바른 곳'에서 사야 한다는 것을요.

제99장

한국보험사는 왜 홍콩보험 시장에 진출하지 못할까요?

홍콩은 단지 도시가 아닙니다. 자산이 흐르고 금융이 모이는 아시아의 중심지이며, 글로벌 보험사들이 앞다퉈 자리를 잡은 세계 금융 허브입니다. 그렇기에 보험을 포함한 금융업의 경쟁은 치열하며, 이곳에서 활동한다는 것은 단순한 영업을 넘어 신뢰와 구조, 전략의 증명을 의미합니다. 이처럼 중요한 시장임에도 불구하고, 홍콩의 보험 창구 어디에서도 한국 보험사의 이름을 찾기란 매우 어렵습니다. 왜 우리는 홍콩 시장에서 존재감을 보이지 못하는 걸까요? 그 이유는 몇 가지 구조적 현실과 전략적 선택에서 찾을 수 있습니다.

첫째, 이미 시장을 선점한 글로벌 보험사들의 견고한 지배력입니다. Generali, AXA, Chubb, Sun Life와 같은 글로벌 보험사들은 수십 년 전부터 홍콩에 진출해 탄탄한 네트워크와 고객 기반을 구축해 왔습니다. 후발주자로 뛰어든 한국 보험사가 이들과 정면으로 경쟁하기란 사실상 쉽지 않은 일입니다.

둘째, 브랜드 인지도와 신뢰도 부족입니다.

홍콩에서 보험은 상품이 아니라 신뢰의 선택입니다. 하지만 현지에서 한국보험사의 인지도는 아직 미미한 수준이며, 광고나 홍보도 충분하지 않은 상황입니다. 아무리 좋은 상품이라 하더라도 소비자에게 익숙하지 않다면 선택받기 어렵습니다.

셋째, 한국보험은 핵심 고객층인 중국 본토인을 유치하기 어려운 구조입니다.

홍콩 보험시장의 주요 고객은 중국 본토인들입니다. 이들은 WeChat Pay, UnionPay 등 자국의 결제 시스템을 사용하고, 자국어로 설명해 주는 설계사, 본토 규제에 맞춘 서비스 구조에 익숙합니다. 하지만 한국보험사는 이와 같은 인프라를 갖추지 못했기 때문에 중국 고객과의 신뢰 형성에서 시작부터 불리한 위치에 있습니다.

넷째, 홍콩 금융당국의 높은 진입 장벽과 운영 부담입니다. 보험감독국(IA)의 감독 기준은 매우 까다롭고, 초기 자본 요건과 리스크 관리 체계, 회계 기준 등 모든 면에서 국제적인 수준 이상의 준비가 필요합니다. 한국보험사 입장에서는 높은 비용을 감수하고도 즉각적인 성과를 기대하기 어려운 시장입니다.

다섯째, 한국보험사의 해외 전략은 홍콩보다 동남아에 초점을 맞추고 있습니다.

베트남, 인도네시아, 태국 등은 보험 보급률이 낮고 성장 가능성이 큰 시장입니다. 이들 국가는 투자 대비 수익을 더 빠르게 확보할 수 있는 곳으로 평가되며, 그 결과 한국보험사들은 전략적으로 동남아 시장에 먼저 진출해 왔습니다.

그렇다고 해서 한국보험사들이 홍콩을 완전히 포기한 것은 아닙니다. 삼성생명과 한화생명은 홍콩에서 보험 영업은 하지 않지만, 자산운용 법인을 설립해 글로벌 금융 네트워크를 확장하고 있으며, 일부 보험사들은 현지 보험사와 제휴를 통해 간접적으로 시장을 탐색하고 있습니다.

결론적으로 말씀드리자면, 한국보험사가 홍콩보험 시장에 진출하지 못한 것은 단순한 실패라기보다는 현실적인 판단과 전략의 결과입니다.

- 글로벌 보험사들의 강한 시장 지배력
- 낮은 브랜드 인지도
- 중국 고객 유치의 구조적 한계
- 높은 진입 규제와 비용
- 동남아에 집중된 전략 방향

이 모든 요인이 복합적으로 작용해 홍콩이라는 무대에서 아직 한국보험사의 이름을 보기 어려운 것입니다. 하지만 시장은 언제나 변화합니다. 현재의 선택이 미래에도 동일할 거라는 보장은 없습니다. 지금은 조용히 움직이는 것처럼 보일지라도, 언젠가는 한국보험사도 홍콩이라는 국제 금융의 중심에서 그 이름을 선명히 새기는 날이 오지 않을까, 기대해 봅니다.

제100장

홍콩보험 시장의 미래는 어떻게 될까요?

　미국과 유럽의 보험 시장은 이미 성숙기에 접어들었습니다. 대부분의 국민이 보험에 가입해 있고, 성장은 정체되어 있습니다. 반면 홍콩은 여전히 성장성과 유연성을 함께 갖춘 역동적인 시장입니다. 가장 큰 차이는 '국경을 초월한 보험 수요'입니다. 홍콩보험은 중국 본토는 물론, 동남아와 중동의 자산가들에게까지 선택받고 있으며, 이는 선진국 보험 시장에선 보기 어려운 흐름입니다.

　상품 설계 또한 다릅니다. 미국·유럽이 규제 중심의 보장형 상품에 머무른다면, 홍콩은 달러 기반의 저축성 보험을 통해 글로벌 자산이동과 유산 설계의 도구로 자리 잡고 있습니다.

　무엇보다 정책적 추진력이 다릅니다. 무엇보다도 중요한 건 '판'을 키우는 정책적 의지입니다. 홍콩금융발전위원회(FSDC)는 "디지털 혁신과 GBA(광둥-홍콩-마카오 대만구)의 교차보험 활성화를 통해 홍콩을 글로벌 보험 중심지로 육성하겠다"고 천명했습니다.

성숙한 안정 vs. 접경의 확장.

그 갈림길에서, 홍콩은 보험을 통해 미래를 설계하려는 이들에게 분명한 해답을 제시하고 있습니다.

참고자료

금융감독원, 보험업감독규정 제1-6조
금융감독원, 2021년 보험회사 해외점포 영업실적, 2022
금융위기 이후 주요도시의 국제금융중심지 전략 변화 및 시사점, 2011
국내 보험사의 해외진출 현황 및 추진 과제, 2010
국세청, 2025년 알기 쉬운 해외금융계좌 신고제도
내일신문, 홍콩 위협하는 싱가포르의 금융허브 비결, 2022
미주중앙일보, "뉴욕라이프, 역대최대 배당금 발표", 2022
매일경제, "[현문학 기자의 돈되는 중국경제] 홍콩에 보험 드는 중국 부자들의 셈법", 2016
매일경제, "맘 편히 죽으러 이민간다"…한국부자 1200명 '엑소더스', 자녀들도 안 말린다는데, 2024
매스뮤추얼 홀라이프 캐쉬발류의 가치분석, 2018
미래에셋은퇴연구소, 국제비교를 통해 본 우리나라 가계 자산 특징 및 시사점, 2018
비즈한국, 생보사 민원 건수 금감원 생명보험협회 차이나는 까닭, 2020
보험연구원, 보험계약자보호기금의 역할과 특성, 2005
보험연구원, 선진보험그룹 글로벌화 추세와 시사점, 2007
보험연구원, 저금리 시대에 따른 보험산업의 대응과 과제, 2016
보험연구원, 아시아 생명보험시장의 현황과 미래, 2018
보험연구원, 베트남 생명보험산업의 현황 및 시사점, 2018
보험연구원, 일본 생명보험회사의 해외진출과 시사점, 2020
보험연구원, 일본 생명보험회사 파산 사례, 2020
보험연구원, 홍콩 패스트트랙 제도와 보험업 인가 현황, 2021
보험연구원, 선진시장 저금리 대응 감독수단, 2022
보험연구원, 중국 보험산업의 현황과 특징, 2022

보험연구원, 보험회사 도산 시 보험계약자 보호, 2014
보험저널, AM Best가 발표한 세계 보험사 순위, 2022
소비라이프신문, 보험사 보험재매입제도는 소비자를 봉으로 삼자는 것, 2022
생명보험 해약의 문제점 및 개선방안 결과보고 약관광고팀, 2019
조선일보, "강남 부자가 찾는 홍콩보험…年 6~7% 안정적 수익", 2024
조선일보, 보험시장 둔화되자 10년만에 재등장한 '보험 전매제, 2019
중앙일보, "1억 내면 40억 탄다는 '홍콩보험 직구'…금감원, 경보 발령", 2020
중앙일보, '라임 사태' 부실감독 금감원, 민간조직으로 남는다, 2020
전자신문, 강남 부자 찾는다는 '홍콩보험'…기재부 "불법 땐 비과세 적용 X", 2024
조세일보, '강남부자보험'으로 불리는 역외보험 뭐길래… 국세청 '편법 증여' 조사, 2023
파이낸스뉴스, IAIS 국내외 보험장벽 허무는 계기 되길, 2011
한국일보, 40억원 유산으로 120년간 상금 지급중 노벨재단의 꾸준한 재테크 비결, 2020
한국공제보험신문, 세계적인 보험사들도 태생은 공제조합이었다, 2020
한국금융연구원, 국제금융허브로서의 홍콩 보고서, 2024
한국금융연구원, 국제금융중심지 홍콩의 일곱가지 매직, 2010
한국금융연구원, 홍콩사례를 중심으로 한 금융회사의 해외진출 현황 분석과 바람직한 해외진출 전략 모색, 2007
한국은행, 2025년 6월 외환보유액 통계
해외 보험동향(보험연구원), 2021

IMF COFER 2024년 1분기
Hong Kong Insurance Authority 공식 웹사이트 (https://www.ia.org.hk)
OECD Common Reporting Standard (CRS)
Business Insider, "Congress passes Genius Act to regulate stablecoins", 2025.6.18
Barron's, "Will Stablecoins Save King Dollar's Reign?", 2025.6
ARK Investment, "Stablecoins as a US financial ally"
Deloitte-cn-private-market-study-on-the-family-office-landscape-in-hk, 2024

SCMP, "Hong Kong needs a playbook to become marine insurance hub", 2024.10.23

China Daily HK, "With strong backing HK maintains its pros as financial hub", 2024

Financial Times, "Hong Kong IPO boom challenges the city's critics", 2024.11.29

Reuters, "Chinese capital outflows to boost Hong Kong markets", 2025.3.26

SCMP, "Why wealthy individuals prefer Hong Kong insurance policies for inheritances"

IMF, 「Capital Flows, Financial Globalization, and the Dynamics of Local Economies」, 2022

New York Life, Dividend History Report, 2023

Insurance Authority of Hong Kong, GL34 "Guideline on Participating Business", 2020, https://www.ia.org.hk/en/fulfillment_ratio/list_of_insurer.html

Insurance Complaints Bureau, Complaints Statistics 2020, www.icb.org.hk

Online Comparison Platform Optimises Consumer Insurance Product Selection hktdc, 2022

Hong Kong's family office measures succeed in attracting global interest_ JPMorgan Private Bank, 2024

Forbes 2022_ Top 20 largest insurance companies in the world, 2022

SCMP, "How to resolve insurance disputes in Hong Kong", 2022.11.15

Multi-Year Guaranteed Annuities_ Is a MYGA Right for You

Market Value Adjustment — ImmediateAnnuities.com

Distribution of insurance companies in USA per State

Global Economics Paper The Path to 2075 — Slower Global Growth, But Convergence Remains Intact_glodman sachs, 2022

Global Wealth Report 2023

Bcg-global-wealth-report-2023-june-2023

【保险知识】若保险公司倒闭投保人会否得到保障? - 香港经济日报 - 理财 - 财富管理 - 保险

【新加坡保险专题】(一)新加坡保险的整体环境概览_监管_机构_公司

年存10万美金存5年, 拿回1210万美金, 香港储蓄险是怎么做到的?
想买香港保险!各家保险公司实力排行你清楚 多少?
去香港買保險9大需知, 不看後悔!
怎麼到香港買保險
牙醫師組團出國買境外保單　保經主管:我不敢賣直接說NO
日本居住の日本人を受け入れている香港保険会社ランキング!純粋な海外オフショア生命
　　保険ではサンライフ香港&FTLife社の2社のみ!
「香港に行かないと香港の保険に加入できない」はホント?
債券投資家がこぞって香港保険を買い始めた理由

홍콩보험
100문 100답

ⓒ 준사부, 2025

초판 1쇄 발행 2025년 9월 10일
    3쇄 발행 2025년 12월 10일

지은이   준사부
펴낸이   이기봉
편집   좋은땅 편집팀
펴낸곳   도서출판 좋은땅
주소   서울특별시 마포구 양화로12길 26 지월드빌딩 (서교동 395-7)
전화   02)374-8616~7
팩스   02)374-8614
이메일   gworldbook@naver.com
홈페이지   www.g-world.co.kr

ISBN 979-11-388-4693-6 (03320)

- 가격은 뒤표지에 있습니다.
- 이 책은 저작권법에 의하여 보호를 받는 저작물이므로 무단 전재와 복제를 금합니다.
- 파본은 구입하신 서점에서 교환해 드립니다.